D1048594

Lo que las Esposas desean que los Maridos sepan sobre las Mujeres

Dr. JAMES DOBSON

Autor del libro de mayor venta:
"Cuando lo que Dios hace no tiene sentido"

Publicado por
Editorial **Unilit**
Miami, Fl. 33172
Derechos reservados

Nueva edición 1999

© 1975 por Tyndale House Publishers, Inc
Wheaton, Illinois
Originalmente publicado en inglés con el título:
What Wives Wish Their Husband Knew About Women.

Traducido al español por: Isabel Herbello
Cubierta diseñada por: Ximena Urra

Citas bíblicas tomadas de la Santa Biblia, revisión 1960
© Sociedades Bíblicas Unidas
Usada con permiso.

Producto 497500
ISBN 0-7899-0052-1
Impreso en Colombia
Printed in Colombia

Dedicatoria

A mi pequeño hijo Ryan, que ama las orugas y detesta el baño, que no acepta a las niñas y puede hacer millones de preguntas en una hora: «¿Mami, ¿por qué las lombrices bostezan?» dedico este libro con todo mi amor de padre.

Contenido

Capítulo uno

La madre: El alma del hogar

Como ya el lector sabe, este libro lo he dedicado a mi hijo Ryan. En la actualidad él ha cumplido tres años de edad y parece un duendecillo haciendo travesuras de todas clases. Mi hijo Ryan tienen todas las características sicológicas que se le atribuyen a los niños cuyas edades oscilan entre el primer y tercer años de vida. Durante esta etapa tan especial de su existencia, el entusiasmo y la constante actividad parecen surgir de una fuente desconocida de energía que en nuestro hijo parece inagotable. Así nos ha ocurrido siempre con Ryan. Con decirles que el mismo día que cumplió un año y medio fue como si alguna voz le hubiese murmurado en sus oídos: "Llegó tu momento, muchacho! ¡Aprovéchalo!, y se lanzó a la velocidad de un cohete a dar vueltas por toda la habitación.

Ahora, debo aclarar que Ryan no es, de ninguna manera, un niño de malos sentimientos y sólo en contadísimas ocasiones se atreve a desobedecer la autoridad de su padre, o sea, la mía. Aunque eso sí, es sumamente curioso y desea enterarse de todo. Cuando tiene oportunidad de hacerlo también corta, desarma sus juguetes, y riega sus cosas por todas partes. Tratar de que permanezca tranquilo es tan difícil como mover un elefante con un dedo. Y, por supuesto, su temperamento lo coloca al borde del peligro cada instante.

Es necesario que esté siempre bajo la vigilancia de un adulto para evitar que sufra algún accidente y, por lo general, esa responsabilidad recae sobre mí.

Cierta mañana que nos encontrábamos los dos solos en casa, dejé de oír su vocecita preguntona por algunos instantes. De inmediato me puse alerta y comencé a buscarlo por todos los rincones de la casa sin dar con él. Hasta que, finalmente, me asomé a la ventana de la cocina y pude verlo nada menos que gateando sobre un camión remolcador que algunos constructores habían estacionado cerca de la puerta de nuestra casa. El remolque era tan alto que parecía menos que imposible que Ryan hubiese podido subirse a él sin ayuda, y aún me resulta un misterio la forma en que logró llegar hasta allí. Cuando me encaminé hacia el lugar donde se encontraba pude percatarme que intentaba desesperadamente bajarse de allí. Se hallaba casi suspendido en el aire, y a una considerable altura, teniendo en cuenta su tamaño, del pavimento. Al prevenir su caída me acerqué sigilosamente, para recibirlo en mis brazos cuando se cayera. Pero me escuchó cuando estuve bien cerca de él. Me quedé sorprendido al ver que no lloraba ni se veía asustado, lo único que hacía era estirar los pies y decir: "Ayuden al niño que se cae. Por favor, que no se caiga". Estas palabras caracterizan claramente el carácter de Ryan. Se trata de estar siempre atento a los deseos de Ryan, y eso ya es suficiente trabajo para mi esposa y para mí.

Días después del incidente del remolcador, Ryan me mostró otros rasgo de su inesperada personalidad. El asunto ocurrió después que mi esposa Shirley se fracturó una pierna esquiando. Debido a ello, me vi obligado a ocupar su lugar en los quehaceres domésticos durante unas semanas. Fue entonces que vine a tomar conciencia de lo que significa reemplazar a una mamá que también es ama de casa. ¡Les aseguro que no fue nada fácil!

La primera mañana que me hice cargo de tal labor, Ryan comenzó enseñándome las reglas del juego "ocupando el lugar de mamá". A las seis de la mañana me desperté sobresaltado por un grito. Me tiré de la cama, y me dirigí al cuarto de Ryan mientras el niño gritaba con todas las fuerzas de sus pulmones. (Ese ruido tiene el mismo efecto sobre el sistema nervioso que escribir con una tiza que tenga una piedrecita sobre una pizarra.) Cuando abrí la puerta de su cuarto la gritería cesó de inmediato y una dulce vocecita infantil preguntó:

—¿Ya está listo el desayuno?

—Lo voy a preparar —le contesté.

Así que me dirigí a la cocina, todavía medio dormido, para preparar algo. Comencé buscando en las alacenas algo que fuera fácil y rápido de preparar. Todavía tenía los ojos entrecerrados por el sueño. Entretanto, Ryan saltó de su cama y me siguió hasta la cocina. Inútilmente trató de hacerme hablar, pero era lo último que yo quería hacer en ese instante.

—¿Tenemos tocineta? —preguntó—. Derramaste la leche —añadió—. ¿Ya está todo listo? —volvió a interrogar.

Pero yo no le contesté. Me preguntó una docena de cosas, pero todas quedaron sin respuesta. En ese preciso momento se me enfrentó y me gritó:

—¡Ya me tienes cansado!

¿Qué haría una madre en tal situación? No lo sé. Releo mi libro "Atrévete a disciplinar" y no encuentro nada acerca del castigo que se le puede imponer a las impertinencias de un atrevido niño de corta edad. Tuve ganas de pedirle a Shirley que volviera a tomar su trabajo, y que yo me comprometía pedirle al Señor diariamente su bendición sobre ella, como los hombres en la antigüedad cuando se sentaban a las puertas de las ciudades para tratar sus asuntos, y eran conocidos por la buena reputación de sus mujeres.

Debido a estas breves escaramuzas en el campo de las responsabilidades maternas, y de la experiencia adquirida como consejero matrimonial, he adquirido un respeto y un aprecio muy grande por las habilidades que la mujer demuestra como esposa y como madre.

En mi opinión, su labor es de máxima importancia para la salud y la vitalidad de la sociedad. Por lo tanto, lamento profundamente que el trabajo del ama de casa no reciba el reconocimiento que merece en nuestro mundo moderno. En algunos círculos las palabras "Ama de casa" han llegado a simbolizar irrealización, inferioridad e insignificancia. ¡Qué desgracia! Cometemos un error muy grande al devalorizar la importancia que tiene el hogar y menospreciar la educación que allí reciben nuestros hijos.

Sin embargo, la labor del ama de casa puede llevar à la mujer a tensiones y frustraciones que debemos encarar con toda honestidad. Aun para una madre que se siente profundamente comprometida con su familia y con el bienestar de ella, hay momentos en que desearía salir corriendo lejos de su hogar. Los niños pequeños como nuestro Ryan, pueden agotar e irritar a la persona que se atreva a cuidarlos durante los 365 días del año. Los infantes suelen ser revoltosos, ruidosos y desordenados. Mojan los pañales, rayan los muebles, y alteran constantemente los nervios de sus madres. Realmente se necesita ser una mujer fuera de serie, para criar a un niño y no poder decir de vez en cuando: —¿Dios mío, qué estoy haciendo aquí?

Las mujeres también enfrentan otros problemas y presiones que no son comunes entre los hombres. Algunas esposas que permanecen en sus casas todo el día, anhelan la compañía de personas adultas. Desean ardientemente mantener relación con personas mayores. Además frecuentemente son dadas a recordar sus momentos felices, o el romántico amor de sus años juveniles. La predilección que demuestran por las telenovelas románticas reflejan la gran necesidad que atormenta sus vidas, ante el aislamiento que deben soportar. ¡Y esto no es un problema insignificante!

Lo ya mencionado, nos conduce a la fuente más generalizada de la frustración, y las mujeres lo reconocen así durante las sesiones de asesoramiento matrimonial. Con frecuencia, la esposa que experimenta todas las necesidades que hemos mencionado, es absolutamente incapaz de compartir con su cónyuge, sus sentimientos más profundos. Ella experimenta que va perdiendo los elementos vitales de su vida, pero generalmente se siente incompetente para hacérselo conocer a su esposo. Ella anhela que su marido comprenda sus temores y frustraciones desesperadamente, pero no halla la manera de comunicárselo. Y no tenemos la menor duda de que trata de hacerlo. Pero, a menudo, sus esfuerzos no logran simpatía ni apoyo. Al contrario, son recibidos como "sermoneos", quejas y autoconmiseración, y muchas veces, hasta por una actitud de rechazo. Cada hombre parece poseer en el centro de su cerebro, un mecanismo secreto para evadir esta clase de manifestaciones. Una esposa que me escribió una carta, logró expresar el sentir de millones de mujeres al decirme:

La falta de comunicación es la razón de mi depresión, pues cuando intento hacérselo comprender a mi esposo, de antemano él establece entre nosotros, una muralla de silencio, o reacciona en una forma totalmente negativa. ¡Es que piensa que verdaderamente no existe ningún problema entre nosotros!

Este libro no ha sido escrito para el norteamericano común, tan mal caracterizado en los útimos años. Está muy en boga presentar al norteamericano como un idiota inflexible y explotador de su esposa; fanático de los deportes, afectado por desviaciones sexuales y concentrado sólo en sí mismo. Son muchas las mujeres que se expresan de los hombres, comparádolos con reptiles asquerosos. Pero como yo también soy un hombre, a mí también me afectan estas acusaciones, aunque se debe reconocer que la mayoría de los hombres no comprenden las necesidades emocionales de sus esposas. De igual forma, los hombres vivimos en un diferente mundo al de las mujeres. Pero algunos maridos son incapaces de ponerse en el lugar de sus esposas, haciendo el esfuerzo por comprender y experimentar lo que ellas están sintiendo. O, quizás se deba a que están tan preocupados por sus propios problemas que simplemente no les prestan atención cuando ellas hablan. Por algún motivo, las mujeres tienen necesidades que los hombres son incapaces de entender. Este abismo de incomprensión que los separa es lo que ha motivado este libro y su título "Lo que las esposas desean que los maridos sepan sobre las mujeres".

Por tanto, estas páginas están dedicadas a la mujer, especialmente a su vida conyugal y familiar. Existen soluciones posibles para enfrentar los problemas y frustraciones que les afectan particularmente a ellas. Y deseo compartir con ellas recomendaciones positivas que han logrado éxitos en las vidas de otras personas. También analizaremos la naturaleza de las emociones femeninas, y de que forma puede ésta influenciar a la mujer en su vida diaria. En síntesis, el propósito de este libro se encamina al cumplimiento de los objetivos siguientes:

1. Capacitar a las mujeres para que sean capaces de explicar sus necesidades emocionales a sus cónyuges.

2. Ayudar a romper las ataduras del aislamiento emocional.

3. Proveer ciertas claves para obtener mayores logros en su labor como madres.

4. Dar a conocer las fuentes de la depresión femenina más generalizadas y sus posibles soluciones.

5. Ofrecer respuestas específicas para enfrentar las molestias diarias.

6. Ofrecer vías para obtener mayores niveles de autoestima y aceptación propias.

7. Dar a conocer el verdadero significado del amor romántico.

Estos objetivos son bien ambiciosos y parecen tan impotentes como los preámbulos de las constituciones. No obstante, es mucho más factible dar en el blanco, si se conoce dónde está el objetivo. De modo que, vamos a comenzar enunciando las fuentes de la depresión femenina.

Capítulo dos

Causas de la depresión femenina

La conclusión más certera a la que yo he podido llegar en mi experiencia como consejero matrimonial es ésta: La depresión y la apatía emocional son males muy comunes entre las mujeres. La mayoría de las mujeres adultas parecen enfrentar frecuentemente, períodos de depresión, desinterés, cansancio mental, desencanto, o dolencias parecidas. He denominado este momento como "desaliento". Cuando alguna paciente llama y me dice: "Doctor, hoy estoy desalentada", ya sé perfectamente lo que me quiere decir.

Por supuesto, la depresión no es una característica exclusiva del alma femenina. Pero ocurre con menos frecuencia en los hombres, y presenta otras modalidades. Para hacerlo más claro: el hombre se deprime ante casos específicos como problemas de negocios, o enfermedad. Sin embargo, están menos propensos a experimentar ese vago, generalizado y casi indefinible sentimiento de depresión que con frecuencia acosa a las mujeres. Para las mujeres que son proclives a deprimirse, aun un día nublado, puede ser motivo para la depresión emocional o física.

El impacto depresivo puede ser minimizado algunas veces por un correcto entendimiento de la naturaleza de los ciclos emocionales que enfrentan los hombres y las mujeres. ¿No le ha pasado a usted que a veces se siente perfectamente bien, y luego se siente deprimido, para volver a restablecerse, y así una y otra vez? Esta fluctuación es normal. Se presenta como una curva sinuosa que puede ir desde el entusiasmo hasta la melancolía.

Mucha gente no va ni muy abajo en su depresión, ni muy arriba en su entusiasmo. Si trazamos una línea recta que represente la estabilidad emocional, notaremos que la distancia de la curva emocional hacia arriba no supera en casi nada a la misma distancia de la curva hacia abajo. Veamos algunos ejemplos:

Una persona estable del grupo A no se entusiasma con mucha facilidad por causa alguna. No grita abiertamente en una cancha de fútbol. Pocas veces se ríe a carcajadas. Recibe calmadamente las buenas noticias así como las malas. Por otro lado, tampoco se deprime profundamente. Son un tipo de personas muy estables. ¡Y lo son en verdad! Podemos confiar en ellos. Serán siempre iguales: Ayer, hoy, y mañana.

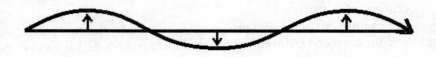

Por el contrario, el grupo B de personalidad son en todo el sentido de la palabra, unos verdaderos "péndulos". Sus reacciones emocionales oscilan desde el punto más bajo de la melancolía, hasta el más alto del entusiasmo.

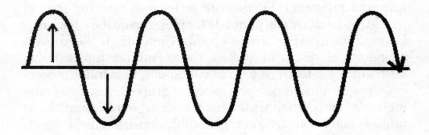

Todos conocemos este tipo de personas que se muestran muy felices en el momento en que las vemos. Se levantan contentísimos y apenas pueden reprimir la risa. Son capaces de trinar al unísono con los pájaros o competir en frescura con las flores. Cantan todo el día y lucen felices y gozosos. Pero no les dura mucho. Y cuando comienzan a caer el colapso es tan grande, que parecen que se van a desintegrar completamente. Piensan que nada les resulta bien y que no vale la pena seguir viviendo. Pareciera que no tienen amigos y que su dolor cubre toda la tierra. Son tan sensibleros que lloran por cualquier cosa y por razones desconocidas este tipo de personas suelen casarse con la gente del grupo A, más estables. ¡Así se pasarán lo próximos cuarenta años, sacándose chispas el uno al otro!

Mi esposa Shirley y yo, escuchábamos una orquesta sinfónica durante nuestro primer viaje a Europa. Estábamos en Berlín, y frente a nosotros se hallaba un joven sentado. Tal vez era estudiante de música en la universidad local. Parecía inmerso en una especie de extraño éxtasis durante la primera parte del concierto. Cerraba sus ojos para disfrutar la música y aplaudía entusiasmadísimo al final de cada interpretación. En la pieza final, antes del intermedio, parecía estar muy feliz.

Se podía pensar que su equipo favorito acababa de anotar el tanto de su victoria, que le aseguraría el campeonato mundial. Gritaba "¡bravo, bravo!", y aplaudía al director. Pero aunque usted no lo crea, durante la segunda parte del concierto parecía que se encontraba enfermo. Se hundió en el asiento, le chifló a la orquesta y demostró inconformidad con todo el resto del programa. Finalmente se levantó y se fue para el pasillo. Se paraba en la punta de los pies, zapateaba y mientras la orquesta interpretaba la Quinta Sinfonía de Beethoven abandonó el teatro muy disgustado. Aunque nunca había visto antes a este joven y no lo vi después, habiéndolo observado puedo afirmar que pertenecía al grupo de personas muy inestable emocionalmente. Su ferviente entusiasmo de la primera parte contrastó con la notable oposición de la segunda. ¡En verdad, me divertí mucho más con sus excentricidades que con el concierto mismo!... Pero no quisiera tenerlo de cuñado... a propósito: ¿no tendrá la esposa de algún lector, una historia parecida que contarnos respecto a su propio marido?

Esto nos ayuda a entender la naturaleza del ciclo emocional del ser humano. Algunas situaciones nos conducen al extremo del optimismo y otros nos arrastran a la profundidad de la melancolía.

Hace poco menos de un año, Shirley y yo compramos una nueva casa. Habíamos aguardado muchos años hasta poder comprarla como deseábamos y estamos muy complacidos con ella, cuando firmamos los papeles la casa fue nuestra. El alborozo que nos embargaba se prolongó por varios días. Durante esos días mi esposa y yo pudimos conversar sobre la experiencia que estábamos viviendo. Le dije a ella que habíamos estado muy entusiasmados pero que esto no podría durar indefinidamente. Las emociones no se mantienen en la cúspide por mucho tiempo. Lo más probable era que nuestro entusiamo cayera hasta un nivel muy bajo en un futuro cercano.

Como esperábamos, algunos signos de depresión se dejaron sentir unos tres días más tarde. La casa ya no nos parecía tan bonita y digna de entusiasmo. Pero como esto lo habíamos previsto con anterioridad, reconocimos y aceptamos esa fluctuación emocional, en el momento en que se presentó.

Su propia depresión puede llegar a ser más tolerable, si usted logra entenderla como algo relativamente predecible. Puede aparecer a continuación de un día de fiesta, después del festejo de un cumpleaños de un hijo, después de un ascenso en el trabajo o aun inmediatamente después de unas merecidas y felices vacaciones. La causa de este fenómeno es particularmente física en su naturaleza. El entusiamo consume una gran cantidad de energía física, todos los sentidos corporales se ponen en actividad y aceleran su ritmo. La consecuencia de esto es la fatiga y el cansancio posterior que pueden conllevar una cierta depresión. Así es natural que a la cumbre continúe el valle. Lo alto siempre precede a lo bajo. Este sistema está gobernado por leyes psicológicas. Se puede confiar en ellas. Porque en las personas sanas —gracias a Dios—, el valle también abre el camino hacia la cumbre. Lo bajo siempre precede a lo alto.

Volviendo al tema anterior, no es esta fluctuación "normal" alto-bajo y viceversa, lo que nos interesa ahora. Más bien es esa tendencia de muchas mujeres a permanecer sumidas en el estado depresivo, mucho más tiempo de lo normal. En vez de hacer una fluctuación normal, algunas suelen sumirse en la melancolía y el desaliento por dos o tres semanas cada mes.

Algunas se hunden totalmente en la profundidad de su depresión, por años y años, sin salir jamás de ella. El hecho de que esto ocurra con mucha frecuencia en mi experiencia profesional, me ha llevado a explorar sus causas y sus posibles soluciones.

Pero antes de intentar solucionar los problemas es necesario entenderlos. Por ejemplo, el pernicioso virus de la poliomielitis, tuvo que ser identificado y aislado, antes que el doctor Jonas Salk, pudiese inventar la vacuna necesaria para combatirlo. De igual forma es preciso identificar y señalar las causas precisas de los inexplicables períodos de depresión femenina. A través de muchas sesiones de asesoramiento marital, pude observar que las mismas irritaciones y frustraciones eran expresadas por muchas mujeres sin importar la edad, posición social y económica. En realidad existen unos diez problemas que fueron mencionados con tanta frecuencia que terminaron siendo muy familiares para mí. Los escuché tantas veces que memoricé las circunstancias características que producen cada tipo de irritación. Entonces preparé un sencillo cuestionario que titulé: "Causas de la depresión en la mujer", en el cual incluí estos problemas. Después pedí a setenta y cinco mujeres, que de acuerdo a su propia experiencia, me señalarán cuáles serían las fuentes principales de la depresión. Las mujeres debían marcar en una escala de 1 a 10 partiendo del problema principal, hasta señalar también los problemas secundarios. Después de estudiar los resultados, fue muy fácil determinar cuáles eran las fuentes de depresión más influyentes en las mujeres que participaron en la encuesta.

Aunque mi encuesta no reúne todas las exigencias de una rígida investigación científica, es interesante saber algo acerca de las mujeres que contestaron el cuestionario: Las setenta y cinco mujeres entrevistadas eran casadas. Sus edades fluctuaban entre los 27 y los 40 años. El promedio podía ser de unos 32 años. La mayoría todavía tenía niños pequeños a los que debían atender. Muchas de ellas profesaban ser cristianas y formaban parte de la clase media de las zonas residenciales. Cada una de ellas contestó este cuestionario en completo anonimato. No se registró ni el nombre, ni ningún otro dato de identificación. La misma encuesta fue presentada y discutida recientemente con 5.000 mujeres que participaban en un congreso sobre la vida familiar, y se confirmó la validez de las conclusiones originales.

Aquí están los resultados de la encuesta en las páginas siguientes. Las causas de la depresión aparecen en el mismo orden en que las señalaron más de la mitad de las mujeres entrevistadas.

Las respuestas del grupo restante, fueron muy similares, pero no idénticas a las del primer grupo. Antes de continuar leyendo, le sugiero que responda a la encuesta usted misma. Las entrevistas podían tener dos ejemplares del cuestionario y responder en la siguiente forma: La primera vez, marcarían de acuerdo a su propia experiencia. La segunda vez lo harían pensando en cómo responderían todas las demás mujeres como sexo. Quizás algunos lectores masculinos se animen a hacerlo en la segunda forma, es decir, pensando en cuál podría ser la respuesta de la mujeres.

Causas de la depresión en la mujer

Por favor, señale de uno a diez, las siguientes fuentes de la depresión, en el orden en que usted las ha experimentado. No escriba su nombre.

	Factor irritativo	*Puntaje personal*	*Puntaje sugerido*
1.	Ausencia de romanticismo en el matrimonio		
2.	Conflictos con parientes cercanos		
3.	Subestimación propia		
4.	Problemas con los niños		
5.	Dificultades económicas		
6.	Soledad, incomunicación, aburrimiento		
7.	Problemas sexuales en el matrimonio		
8.	Molestias menstruales y de tipo psicológico		
9.	Fatiga y vida apresurada		
10.	Envejecimiento		

Capítulo tres

La subestimación

Aunque nos parezca increíble, la subestimación propia fue señalada como el problemas más grave que afecta a las mujeres que respondieron la encuesta. Más de 50% de las mismas, la colocaron en el primer lugar de la lista, y casi 80% la señaló entre los primeros cinco lugares. Este resultado coincide totalmente con mis propias investigaciones y expectativas al respecto. La subestimación propia, el complejo de inferioridad y la falta de confianza en sí mismas, incluso en mujeres saludables y felizmente casadas, están arraigadas en lo más profundo de la personalidad. Con mucha frecuencia, después de cinco minutos transcurridos durante una sesión de consulta con un especialista, estos problemas hacen su aparición. Sentimientos de inutilidad, en todas las esferas, subvaloración de las potencialidades personales, son todo un estilo de vida, o mejor aún, un constante estado de desesperación para millones de mujeres en Norteamérica.

Pero, ¿cuál es el significado de la depresión? ¿De dónde surge esta arraigada sensación de inadaptación? Quizás yo pueda expresar los conflictos y ansiedades que bullen en una mente insegura.

En una tranquila tarde, una mujer se halla sola en su casa y comienza a sentir pensamientos de angustia, sin motivo aparente: ¿Por qué no suena el teléfono casi nunca? Es que ya soy incapaz de hacer nuevas amistades, y sobre todo, de alguna que valga la pena. Necesito tanto una persona con quien desahogar mis penas, porque con mi marido, ni modo. Pero, ¿dónde se encuentra esa persona?

Esta mujer piensa que si los demás la conocieran verdaderamente, la estimarían, pero se siente aterrada cuando cree que ha hecho el papel de tonta delante de sus amistades, o en su propia casa. Es muy desdichada al imaginarse que otras personas poseen más talento y habilidades que ella. Se contempla a sí misma como una mujer sin atractivos, sin personalidad y totalmente incapaz de hacer algo bien hecho. Y sospecha que ha fracasado en todas las esferas de la vida y el matrimonio. Está constantemente insatisfecha de sí misma, y le encantaría ser otra persona. Sufre al pensar que no es amada ni tampco digna de serlo. Vive sola y triste. Sufre de insomnio y se pasa la vida pensando que nadie la quiere. Aun en medio de la noche las lágrimas fluyen a sus ojos, porque está saturada de autoconmiseración. ¡Todo lo mencionado es lo que significa la depresión!

Estoy seguro que existen lectores que afirmarán que jamás han tenido una experiencia parecida al ejemplo que puse anteriormente. Conozco mujeres que han sido como superestrellas durante su niñez. Niñas hermosas; bellísimas jovencitas; reinas en sus hogares y líderes entre amigas y compañeras de trabajo. Pero son excepcionales aquellas que en algún momento de la vida no han experimentado la desazón de la inseguridad. Ahí radica precisamente la fuente de depresión femenina, que se esconde como secreto amargo. Debido a esto, para la inmensa mayoría de las mujeres la identificación con esta clase de prisión emocional es casi instantánea. ¿La ha sentido usted alguna vez? ¿Jamás se ha sentido infeliz y fracasada en su vida? Si su respuesta ha sido afirmativa lo que sigue a continuación le servirá de gran utilidad para solucionar este problema de su esfera emocional.

Hemos asegurado que en la actualidad, este sentimiento de subestimación es muy frecuente en las mujeres. Tan es así, que acabo de comprobarlo precisamente hace pocos minutos. Empecé a escribir este libro en una tranquila biblioteca situada muy cerca de nuestra casa, pero lejos del teléfono. No obstante, la bibliotecaria me acaba de interrumpir para comunicarme que una amiga de ella había estado tratando de localizar uno de mis libros titulados "Esconder o buscar" (Hide or Seek). Y quería saber si podía dedicarle unos minutos a la susodicha señora. A los pocos instantes tenía ante mi a una bella mujer de unos 45 años de edad, que me esperaba junto a la mesa de entrada. Después de presentarse me dijo:

—He tratado de localizar su libro pues he sabido que trata sobre la subestimación personal. Yo me siento continuamente deprimida por mi incapacidad para resolver mis asuntos y pienso que algunos de sus consejos podría ayudarme.

Estuvimos conversando durante una media hora y ella me describió las mismas ansiedades y frustraciones que yo intentaba reflejar en mi libro cuando fui interrumpido. Si hubiese podido grabar aquella conversación, podría en este momento presentarles un resumen de todos los sentimientos que afectan a las mujeres de todas las edades y que debo escuchar casi diariamente en boca de mis pacientes. Por eso las frustraciones femeninas son tan familiares para mí.

En verdad, no deseo dar la impresión de que ese sentimiento de subestimación es una característica exclusiva de las mujeres. Muchos hombres se sienten tan inseguros y desdichado como sus congéneres del bello sexo. Y eso debido a que la subestimación es una amenaza para toda la especie humana. Afecta a todas las personas, de todas las edades y niveles económicos, social, cultural y étnico. Cualquiera que se siente inferior a sus semejantes puede verse involucrado en ella. Cerca de 90% de la evaluación personal que hacemos sobre nosotros mismos está fundada, precisamente, en lo que los demás piensan acerca de nosotros. Y si ellos nos consideran inútiles, holgazanes, antipáticos, indeseables y otras cosas por el estilo, es innegable que nuestra autoestima se irá al suelo.

Un proverbio muy antiguo asegura: "Nadie soporta reconocer que no es indispensable". ¡Cuánta sabiduría encierra esta frase! No es para sorprenderse entonces, que muchos hombres presenten un cuadro depresivo poco tiempo después de jubilarse. Estar conscientes de que su etapa laboral ha terminado aumenta el proceso depresivo en la esfera emocional. Hace poco, un afamado médico aseguró que "un hombre que considera que su vida carece de objetivo o dignidad, no vivirá más de un año y medio". De igual manera los jóvenes más agresivos y rebeldes son aquellos que se encuentran descontentos por lo que son y serán en el futuro. Entonces, ¿por qué yo destaco la subestimación femenina si es un sentimiento que penetra en todos los seres humanos de todas las capas sociales? Eso es debido a que actualmente, este complejo de inferioridad tiene proporciones epidémicas entre las mujeres norteamericanas. Las responsabilidades que tradicionalmente han estado a cargo de la mujer, son objetos de burla y menosprecio en el mundo de hoy. Mientras tanto, los niños deben ser criados y la estabilidad de la familia debe conservarse a toda costa, pero las mujeres en quienes recae esa tarea, se ven con mucha frecuencia a sí mismas con un inocultable desencanto. Vamos a poner un ejemplo imaginario, para poder comprender este proceso. Vamos a suponer que la profesión de odontólogo comience a considerarse como algo extraño. Imaginemos que cada publicación editorial traiga uno o dos artículos que tengan relación con "esa estupidez de los que se dedican a registrar la boca de los demás", y que este asunto se presente como algo ridículo y pasado de moda incluso hasta la preocupación de los dentistas por las gomas de mascar. Imaginemos que los dramas, comedias, novelas y hasta los anuncios y avisos propagandísticos traten del mismo tema en forma crítica y humorística. De manera que toda la población se convenza que esta profesión no tiene sentido y que es mucho mejor que acabe de desaparecer. Y, más aun, imaginemos que los hombres que se dediquen a esta profesión son excluidos de toda otra relación social y sus esposas ignoradas en cualquier reunión que se presenten, y como si todo esto fuera poco, tampoco pudieran encontrar ayudantes para sus actividades, porque nadie quiere trabajar con alguien que tenga que ver con esos "dientes sucios". ¿Qué terminaría por ocurrir respecto a la odontología como profesión? Podría asegurar que muy pronto tendríamos dificultades muy serias para encontrar a alguien que nos hiciera un tratamiento dental o nos extrajera una pieza deteriorada de la boca.

Ya sé que el ejemplo mencionado es demasiado exagerado, lo reconozco, pero la similitud de la profesión de ama de casa, difícilmente pueda estar equivocada. Las hemos convertido en objeto de burlas, y en protagonistas de chistes de humor negro, hasta el extremo que ya no nos queda otra cosa mejor que reírnos de ellas. En muchas conferencias a grupos familiares, en diferentes lugares, he comprobado la enorme frustración que expresan muchas mujeres que se sienten estúpidas e inútiles, por el solo hecho de dedicarse a la vida hogareña, las que con mucha frecuencia son clasificadas como supermamás. Como si lo anterior no fuera suficiente deben escuchar una y otra vez, la opinión de la gente corriente: "La verdad es que esas mujeres que se dedican al hogar y les encanta sus tareas, son un poco raras..."

Hace algún tiempo tuve la oportunidad de hablar en un programa de televisión en la ciudad de Los Ángeles. La moderadora del programa, una militante del movimiento de liberación feminista, durante el transcurso del programa afirmó:

—Es virtualmente imposible, que una mujer se sienta feliz consumiendo su vida en el hogar familiar.

Y todos aquellos que mantienen este punto de vista, se han dedicado a trasmitirlo a través de todos los medios posibles de difusión masiva tales como: televisión, radio, periódicos y revistas. De ese modo tratan de menoscabar los sentimientos de confianza y satisfacción que la mujer casada podría alcanzar de su permanencia en el hogar. Entonces no podemos sorprendernos de que muchas mujeres se sientan frustradas ante la idea de que "no son necesarias para nada". Tendrían que ser sordas y ciegas, para no haberse dado cuenta del mensaje que le repiten constantemente.

Pero la caída de la propia estimación tiene otras causas también. Un factor determinante está vinculado con el modo en que nuestra sociedad glorifica la belleza corporal. Ya he considerado este tema en mi libro "Esconder o buscar" (Hide or Seek), y no hay lugar para reiterar el asunto. No obstante, es suficiente con decir que el atractivo físico o la carencia del mismo, causa un profundo impacto en la siquis femenina, debido a que es muy difícil hacer una división entre el aprecio de uno mismo y la propia belleza corporal. Una mujer que se considera fea, de antemano tiende a sentirse inferior en relación con los demás. Esta presión aumenta aun más en una sociedad tan erotizada como la norteamericana. Es irrazonable que las bases de una sociedad descansen sobre los pilares del sexo, pero en la nuestra ocurre así. Entonces, ¿no es posible que nos dediquemos a premiar la belleza y a castigar la fealdad? Cuando el atractivo y la belleza sexual adquieren tales proporciones, entonces todos aquellos que carecen de estos atributos, necesariamente comenzarán a atormentarse. La angustia estará en proporción de las posibilidades que tenga para competir en el "mercado de la belleza" con eficacia. Porque la mujer se descubre a sí misma en bancarrota, en relación con la característica femenina más cotizada del momento. Y millones de seres humanos han caído en esa trampa.

La propaganda ha contribuido enormemente a esta convicción de que la más leve imperfección física debe provocar alarma y malestar. ¿No ha leído y visto en la prensa escrita y televisiva los anuncios de cremas maravillosas, casi "mágicas", capaces de borrar todas las arrugas, estrías y huellas del paso del tiempo por nuestras caras y cuerpos? Y se muestran varias mujeres de edad madura, una de las cuales descubre alguno de esos estragos del tiempo y se siente morir de tristeza. La expresión "horrible" se emplea siempre para definir esta situación. Pero hablando con sinceridad hay que decir que este problema en relación con los demás problemas humanos que existen no tiene la menor importancia. A pesar de ello, cada mujer que ve este tipo de propaganda va a comenzar a mirarse al espejo con más frecuencia. ¿Y cómo enfrentará ella semejante "desgracia"? Sin duda de ninguna clase, ¡es horrible! Al sembrar en las mentes humanas semejantes tonterías, los anunciantes nos han conducido a niveles de inferioridad y de desdicha nunca antes alcanzados.

Una tercera fuente de subestimación entre las mujeres norteamericanas está relacionado con el coeficiente intelectual. Dicho de otra manera, las mujeres han terminado por sentirse aisladas y estúpidas. Desde hace mucho tiempo, los sicólogos conocen que no existen diferencias notables de índole intelectual entre los hombres y las mujeres. Pueden existir áreas de mayores posibilidades para uno u otro sexo como lograr mayor puntuación en matemáticas y en razonamiento abstracto los hombres y distinguirse en idiomas y en capacidad verbal las mujeres, pero cuando las capacidades personales son combinadas y evaluadas, ningún sexo predomina sobre el otro. Al desconocer esta verdad, las mujeres se hallan más inclinadas que los hombres a poner en duda su propia capacidad intelectual. ¿A qué se debe esto? No lo sé. Pero es un factor importante en la pérdida de estima personal.

En relación a los hombres, es curioso que ellos tiendan más a evaluar la capacidad intelectual que el atractivo físico, a pesar de que ambas son altamente codiciadas. Por su parte, las mujeres optan por la belleza física más que por la capacidad intelectual, durante toda la vida. Ese es el motivo por el cual una gran cantidad de mujeres desearían ser más bellas que inteligentes, porque creen que la mayoría de los hombres vemos mejor de lo que pensamos. (Sin querer ofender a los hombres cuando escribo esto).

La subestimación femenina, verdaderamente, puede estar basada en muchas causas. La mayoría de ellas vinculadas a experiencias infantiles. El adulto que durante su infancia se sintió despreciado o rechazado, nunca podrá olvidar del todo esa experiencia. Así como nuestra lengua siempre tiende a tocar el espacio donde hemos perdido un diente, así la mente busca de continuo y anhela regresar a las evidencias de su propia dignidad. La persona que en su niñez se sintió inferior por cualquier causa, construye para el futuro, un mecanismo mental depresivo.

Pero; ¿cómo reaccionan las mujeres frente al problema de la subestimación personal? Este problema no se puede ignorar, como es imposible pasar por alto un fuerte dolor de cabeza. El sentimiento de inferioridad es tan profundo y absoluto que absorbe la total atención del que lo padece. De eso, día tras día, la conducta personal está condicionada por las necesidades del ego. Estas necesidades son aun más fuertes que cualquier otro elemento de la experiencia humana, incluyendo el sexo.

1. La timidez.

Durante el otoño de 1966, acepté trabajar con el equipo de médicos del hopital de Los Ángeles. La mañana en que me incorporé al trabajo, se me pidió que asistiera a una sesión de "orientación general". Cualquiera que haya trabajado en alguna ocasión en este tipo de instituciones, conocerá algo de las características de ese tipo de sesiones. A los nuevos empleados se les informa sobre el manejo de los teléfonos, los derechos sociales, la jubilación, los beneficios salariales en tiempo de enfermedad, etcétera, etcétera. Como podrá imaginarse el lector, esta clase de reuniones son aburridísimas. Pienso que son planeadas de este modo por el personal que tiene a su cargo la incorporación de nuevos empleados para desanimar a los nuevos candidatos. Me imagino un aviso colocado en la sección de clasificados de un diario: "Se solicita director de una sesión de orientación. Debe poseer una voz monótona, que refleje desinterés en la vida y capacidad para bostezar mientras habla. Si posee el menor sentido del humor, por favor, no se presente. Al llegar diríjase a la señorita Ramírez en la sección de personal, después que ella haya dormido la siesta de la mañana".

Como cualquier invitado me presenté sin mucho entusiasmo, a la sesión de orientación. Me enviaron a un salón y llegué algunos minutos antes de la hora señalada. Unas doce personas se encontraban en el lugar para ser "orientadas"

28

aquella mañana, y once exactamente eran mujeres. La gran mayoría de ellas se encontraba entre los 18 y 19 años de edad. Era posible que se tratara del primer empleo al cual tenían acceso como secretarias o auxiliares administrativas. Con toda sinceridad, el ambiente se hallaba demasiado frío aquella mañana. Las primeras horas del primer empleo ciertamente son como para intimidar a cualquiera, y con toda seguridad reinaba una gran tensión entre las jóvenes. ¿Nunca se ha encontrado en un salón pequeño, donde se hallan una docena de personas y ninguna se anima a comentar nada con la otra? Es algo verdaderamente curioso. Me hizo recordar la escena de la gente que van subiendo en un ascensor. Todas dirigen la mirada hacia la pantalla donde van apareciendo los números de los pisos, como si de allí fuera a aparecer alguna cosa muy importante. Esa era la atmósfera que prevalecía la mencionada mañana de nuestra reunión. Si una de las jóvenes se atrevía a susurrar a otro alguna cuestión las demás se aproximaban para enterarse de lo que ocurría, de manera que nadie hablaba a no ser que se viera precisado a hacerlo.

La única forma de sobrevivir a las actividades que se realizarían allí era el descanso que tendríamos cuando llegara el momento de tomar una taza de café. Miré alrededor del salón y vi, en un rincón, una mesa que tenía sobre ella un frasco de café. No podía explicarme por qué motivo nuestra directora, al parecer, se había equivocado al calcular su tiempo de sesión. Ella no había mencionado el café para nada, pero podíamos oír todos los presentes el hervor del agua dentro de la cafetera y el olor aromático que se escapaba de ella. La fragancia del café era tan notorio que ya estábamos impacientes por tomarlo y disfrutarlo. Mientras la orientadora hablaba, todas las cabezas deban vuelta y miraban hacia la mesa. Como si fuera poco, junto a la cafetera había una bandeja con rosquillas ordenada cuidadosamente. A cada instante aumentaba nuestra atención, no hacia lo que estaba diciendo, sino hacia el café.

Al parecer, la directora no se daba cuenta del intenso deseo que había en el grupo. Y hablaba dando instrucciones sin cesar. Después de una espera que se volvía interminable, sin mucho entusiasmo dijo:

—Bueno, amigos, me parece que nos vendría bien un descanso. Vamos a comer algo.

Pero comenzó a organizar el asunto. Era evidente que lo tenía planificado de antemano. No estaba dispuesta a permitir que el grupo de jovencitas se abalanzara sobre el café y las rosquillas. De modo que se le ocurrió que pasaran una a una a tomar el café. Yo estaba sentado en el extremo de la mesa que tenía forma de herradura, y había una muchacha sentada en el otro extremo.

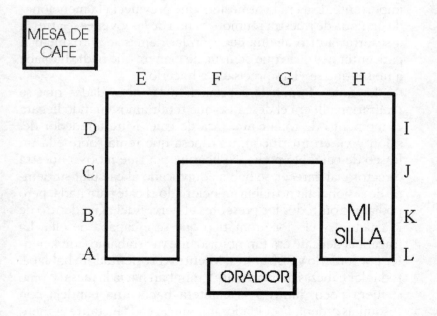

—¿Desea tomar una taza de café? —preguntó la orientadora a la primera muchacha. Pero en forma muy evidente esta jovencita se hallaba tan nerviosa ante las perspectivas de su nuevo trabajo, que recorrió el salón con la vista, y luego se volvió y contestó muy suavemente:

—No, gracias, no deseo tomar café ahora. Ya lo hice.

Yo estaba seguro de lo que ella estaba pensando. Existen muchas maneras de hacer el ridículo cuando se actúa delante de otras personas. Tenía la posibilidad de tropezar y caerse durante el trayecto hacia la mesa.

El café podía derramarse al servirlo en la taza y ella podía quemarse la mano. Existían, por lo visto, riesgos que ella no quería correr delante de las demás y evadió el reto. Estoy seguro también que prefería que cualquiera de las otras muchachas se sirvieran primero para después ir a buscar su taza de café sin peligro alguno. La observé con simpatía.

La orientadora, sin mostrar la menor sorpresa se dirigió a la segunda joven y le hizo la misma pregunta:

—¿Desea tomar una taza de café?

La joven aludida tuvo en cuenta también el riesgo que esto implicaba y aún peor. El grupo había decidido por medio de la primer jovencita: "Ahora no tomaremos café". La presión era demasiado grande y respondió:

—No, gracias.

La tensión aumentaba a cada instante. Pero todas las jóvenes declinaron el ofrecimiento que les hacía la orientadora. ¡No podía creerlo! Allí estaba la cafetera hirviendo y exhalando su fragante olor, y deliciosas rosquillas esperando por nosotros y nadie daba el primer paso. Era como encontrarse un oasis en el desierto y la caravana rechazara tomar su agua refrescante. El ofrecimiento se deslizó de una a otra de las jóvenes hasta que llegó a mí. Cuando me llegó el turno dije:

—¡Claro que deseo tomar una taza de café!

Me levanté y fui en dirección hacia donde se hallaba nuestro refrigerio. Pero lo que ocurrió entonces fue más sorprendente que lo anterior. ¡Las once mujeres se levantaron detrás de mí y el grupo entero me siguió hasta la mesa! Les cedí el paso, con gentileza, y luego tuve que esperar otros quince minutos para poder tomar mi taza de café.

¿No es increíble a veces el temor que nos causan los demás? Temblamos ante cualquier cosa que nos haga parecer ridículos ante la opinión de los demás, aun cuando el acto en sí no tenga relación con la moral o carezca de la más leve importancia social. Al igual que en el caso anterior, preferimos la línea del menor esfuerzo, aunque por dentro debamos reprimir el deseo de tomar una buena taza de café con rosquillas. La tímida auténtica temblará ante cualquier circunstancia. Jamás expresará ninguna opinión, a menos que en nada la comprometa. Y lo pensará mucho antes de hablar. Nunca se enfrentará a algún desafío a no ser que no le quede más remedio. Pasará mucho tiempo sola y evitará cualquier actividad que ponga a prueba su habilidad para realizarla. Todas las situaciones las observará desde fuera, pero ni en privado ni en público se arriesgará a ser juzgada por los demás. Se mostrará exageradamente humilde. (Jackie Vernon dijo: "Los humildes heredarán la tierra, porque serán demasiado tímidos para rechazarla". Estoy de acuerdo con ésta opinión).

Y, naturalmente, la parte más dolorosa de la timidez es la autocompasión que casi siempre la acompaña. Un profundo dolor personal es el sentimiento constante de ese género de vida. Habrá un pensamiento obsesivo que golpeará su mente cada instante. "No vas a poder hacerlo. Algo te saldrá mal. No sé que va a ser de mí. No puedo arriesgarme a hacerlo. ¿Por qué? ¿Por qué? ¿Por qué?" Más o menos esos son los pensamientos que asaltan a la persona que se conduele de sí misma. Hasta eligen a sus amigos, que tienen similitud de problemas, para que la acompañen en su tragedia de autoconmiseración diaria.

Entonces esta actitud se convierte en un hábito, y por cierto, muy contagioso. Tiene la capacidad de extenderse como un fuego dentro de la familia, los amigos, o en la congregación de la iglesia. Deja a sus víctimas cansadas, desanimadas y, exhaustas. Y, con mucha frecuencia, las hace sentirse miserables. Ese estado de desesperación también puede conducirlas hasta el suicidio.

A pesar de ser tan nociva, la timidez no es el signo más notable de la inferioridad. Aunque es la más agobiante de todas las formas del ego. Ni siquiera es una defensa de nuestro yo. No obstante, durante siglos, la timidez ha sido una de las características más comunes de la personalidad femenina.

2. La agresividad.

Hace algún tiempo, fui invitado a un programa de televisión en la ciudad de Los Ángeles, para que participara en un debate acerca de la autoestima femenina. En ningún momento se hizo mención de que hubiera otro invitado en el programa, por lo cual pensé que estaría solo respondiendo preguntas de un panel de periodistas. Cuando llegué al estudio fui conducido un salón en donde se hallaba una mujer, la cual me fue presentada como "la otra invitada". Después de decir un ¡hola!, entre dientes, se hundió en su butaca y no volvió a mirarme ni a dirigirme la palabra, a no ser que yo le hiciera alguna pregunta específica. A través de su ceño fruncido se ponía en evidencia que no era una persona muy simpática para compartir con ella un debate frente a las cámaras. En aquel momento me fijé que de su cuello pendía un gran medallón de bronce que tenía grabado un puño en alto, el cual era el emblema del movimiento de liberación feminista. A esas alturas comprendí que la "otra invitada" y yo íbamos a tener puntos de vista muy diferentes para enfocar las mismas cosas. (Traté de observar con mucha atención todo lo que se tramaba en torno a nosotros, para ver si encontraba alguna pista.)

—¿Cuál es su ocupación? —le pregunté con sincero interés.

—Soy activista en grupos femeninos —me respondió con vehemencia.

Me dio a conocer de inmediato que no deseaba darme más información acerca de su vida al apretar su maxilar con firmeza. De modo que no volvimos a conversar hasta después que entramos al estudio para salir al aire. Durante la media hora que siguió ante las cámaras, esta mujer vertió su odio y su veneno contra el género masculino a los cuatro vientos. Repitió hasta los últimos detalles las afirmaciones ya conocidas de las líderes feministas de su movimiento, y atacó todos los principios tradicionales referentes al hogar, el cuidado de los niños y el matrimonio. A mi vez, yo presenté la otra cara de la moneda, analizando todos esos conceptos que sostienen la sociedad humana, enfatizando que la ira y la hostilidad no eran la solución adecuada para superar los sentimientos de inferioridad, en todas sus variantes.

La "otra invitada" espetó un enérgico ¡No! a mis palabras y dijo a continuación:

—Nosotras necesitamos sentir ira. (Busque más adelante, el final de esta historia).

El propósito de mi agresiva compañera estaba claro: esparcir a todo lo largo y ancho del mundo femenino la hostilidad y el rechazo a todo lo establecido. Ella transmitía su odio a través de todos los poros y componentes de su ser. Y me miraba como si yo fuera un fiero león. Su plan de difundir odio y resentimiento hacia el género masculino, ya estaba financiado en parte, de modo que ella y sus compañeras del movimiento feminista podían emplear todo el tiempo que desearan en actividades para populizar el odio hacia los hombres. Pero, ¿en dónde se origina este odio hacia el sexo masculino? ¿Por qué la ira y el odio se han convertido en las características más importantes de muchos movimientos de "liberación"? El origen se encuentra básicamente en profundos sentimientos de inferioridad. La ira es otra forma de expresar los sentimientos de frustración.

Mientras que la timidez tiende a eliminar todas las formas de vida de los que se sienten inferiores, la ira por el contrario, busca manifestarse con toda su energía en todas las esferas de la vida. Cada persona debe empuñar un arma para cortar la cabeza de sus opresores. Da igual que sea el movimiento pro derechos civiles de los negros, la liga sionista o cualquier otro movimiento de liberación como "los veteranos contra la guerra" y muchos otros más, suelen ser extremadamente agresivos. Y todos estos movimientos unidos en nuestra sociedad, logran sumergirnos cada vez más en la violencia. Y la ira y agresividad de los movimientos feministas se unen a este oleaje de violencia.

La timidez y la agresividad son las respuestas más generalizadas de los sentimientos de inferioridad que subyacen en las actitudes erróneas de todos aquellos que enarbolan la ira como bandera. Pero hay muchas más respuestas. Son importantes estas dos precisamente, porque se hallan en los extremos del problema y se balancean como péndulos para comparar ambos extremos dentro de una amplia gama de posibilidades. Pero ambas son malsanas y exageradas. Existe una respuesta superior a estas cuestiones como veremos en las secciones siguientes.

Sumario

La afamada autora de "Su obstinado amor", Joyce Landorf, hizo a muchas personas la siguiente pregunta:

"¿Si tuviera una varita mágica a su disposición qué cambiaría usted en la personalidad femenina?" La respuesta que yo le envié a esta laureada escritora aparece junto a otras en su libro "La fragancia de la belleza", y fue la siguiente:

Si me fuera posible hacer una recomendación a todas las mujeres del mundo, les recetaría a cada una de ellas una generosa dosis de saludable autoestimación y aprecio por sí mismas. (Deberán emplear tres dosis diarias hasta que los síntomas de sus malestares desaparezcan totalmente). Porque no tengo el menor asomo de dudas de que esta es la máxima necesidad femenina. Si las mujeres sintieran que son respetadas auténticamente, en su función de esposas y madres, no necesitarían abandonar sus hogares para buscar algo mejor. Si se sintieran idénticas a los hombres respecto a su dignidad personal no intentarían asumir las responsabilidad del sexo opuesto. Si fueran capaces de gozarse por la posición y dignidad que el Creador les ha otorgado, entonces toda su feminidad sería considerada como una gran bendición. Y no pretenderían dejarla abandonada en un sillón como se desecha alguna ropa vieja. No cabe la menor duda de que el futuro de la nación norteamericana (y de la humanidad) está en dependencia de cómo veamos a las mujeres. Y tengo la esperanza de que seamos capaces de enseñarles a nuestras niñas a ser felices, sintiendo que son elegidas por Dios para el maravilloso privilegio de ser madres, esposas y amas de casa.[1]

La comprensión de las necesidades femeninas fue comprobada por medio de mi encuesta sobre las fuentes de la depresión femenina. Las esposas y madres que fueron entrevistadas no parecía ser víctimas de la subestimación. Aparentemente eran sociables, felices y amables con todos. Pero cuando hallaron la oportunidad de expresar con sinceridad sus sentimientos más profundos, brotaron a la superificie todos los sentimientos de inseguridad que llevaban ocultos en su interior. Una de esas mujeres jóvenes vino a mi consultorio y por más de una hora intentó hacerme comprender por todos los medios posibles la inexpresable tragedia de su inferioridad. Casi al llegar al final de la conversación, le pregunté si alguna ocasión había comunicado esos sentimientos a su esposo y su respuesta fue clásica:

—¡Ya llevamos ocho años de matrimonio, pero mi esposo ni siquiera sospecha lo inútil e inferior que yo me siento!

La mujer tiene la tendencia de ocultar en secreto el sentimiento de inferioridad. Pero las mujeres desean que sus esposos la comprendan en esto. Quizás las páginas que siguen a continuación podrán ayudarlas a comunicarles ese mensaje.

Preguntas y respuestas

En años recientes, el propósito de mis estudios y lecturas ha estado encaminado a encontrar el origen de la depresión femeninas y de esa investigación, así como de mi experiencia profesional, han surgido cada una de las preguntas que se encuentran en el siguiente cuestionario. Varios de esos puntos que se mencionan en el cuestionario han sido debatidos con diferentes audiencias en sesiones de preguntas y respuestas. En dichas ocasiones aparecieron temas específicos y mis respuestas aparecen de inmediato.

Pregunta: ¿Cómo nacen los sentimientos de inferioridad? No puedo precisar cuando comenzaron los míos, aunque pienso que siempre me sentí una inutilidad.

Respuesta: No puede recordarlo porque dudó de sí misma desde el inicio de su vida consciente. El niño nace con un deseo irreprimible de investigar su propia dignidad. Es tan natural ese deseo como el de hablar o de caminar. En primer lugar, hace una valoración elemental del lugar que ocupa en el hogar, y después, esta se extiende a todos las formas de contacto social que se prolongan más allá de las puertas de su casa. Este primer contacto consigo mismo ejerce un profundo efecto posteriormente, en el desarrollo de su personalidad, especialmente, si la experiencia fue dolorosa. Es bastante frecuente que un parvulito ya tenga la idea de que es feo, pesado y antipático. Y que no existe ninguna persona en el mundo que lo ame y lo necesite, porque él es tan tonto, que no se parece a nadie.

Estos sentimientos de inferioridad suelen permanecer relativamente controlados durante los primeros años de la escuela elemental. Se ocultan en el subconciente, pero nunca se alejan de allí. El niño experimenta serias dudas respecto a sí mismo y a lo largo de los años va acumulando pruebas de su inferioridad. Cada fracaso que sufre lo recuerda de modo muy vívido. Cada gesto carente de bondad es guardado en su memoria para siempre. El rechazo y el ridículo lastiman y dejan una huella profunda en su personalidad. Después, al iniciar su adolescencia, su mundo interior explota sin remedio. Todas las pruebas en su contra que acumuló durante tantos años, surgen nuevamente en su mente conciente y se propagan con fuerza volcánica. Y ese sentimiento destructivo lo acompañará por el resto de sus días. ¿Le ha ocurrido algo parecido a usted? (Viene al caso que conozcan que he grabado una serie, seis cintas en total, titulada "Preparación para adolescentes", que tienen el objetivo de ayudar a los jóvenes a superar estos sentimientos).

Pregunta: Una amiga mía estuvo casada durante 9 años y al final, su esposo la abandonó por otra mujer. Considero que ella es una madre excelente y que fue una buena esposa. Pero ella insiste, una y otra vez, en que fue culpable de su fracaso matrimonial. Como consecuencia de ello, su autoestima se ha derrumbado y no logra salir del hoyo en que se ha caído. ¿En estos casos es normal esta reacción?

Respuesta: Siempre me deja asombrado la actitud que con mucha frecuencia adopta el miembro de la pareja que ha sido engañado por el otro. En vez de sentir que ha sido víctima de la irreponsabilidad y el egoísmo de su cónyuge comienza a sufrir crisis de culpabilidad y de inferioridad. Es algo realmente sorprendente cómo la parte de la pareja que ha mantenido su integridad ante el rechazo y el abandono se encuentre a sí misma preguntándose: "¿De que manera he fallado? No fui capaz de conservar interesado a mi marido... Debo parecer un trasto viejo. No valgo nada, de otra forma él no me hubiera abandonado... Yo misma lo alejé de mí... No me arreglaba lo suficiente... Además, como compañera sexual dejé mucho que desear".

La culpa de una ruptura matrimonial muy pocas veces puede recaer sobre las faltas individuales de la pareja. "Se necesitan dos para bailar el tango", dice un adagio antiguo. Y cuando se llega al extremo de un divorcio existe una buena dosis de culpa repartida entre ambos cónyuges. Sin embargo, cuando uno de los miembros de la pareja quiere justificar su conducta reprochable al ser sorprendido en adulterio, lanza sobre la otra persona una andanada de críticas interminables, exagerando los defectos de la misma, y añadiendo de su propia cosecha todo lo que se le ocurra, en contra de su pareja que ya no le interesa. Todo ello para evadir o justificar sus propios defectos y fallas. Piensa que exagerando los defectos del otro, disminuye así su propia culpa. Para un esposo o esposa que se subestiman a sí mismos, estas críticas son aceptadas como hechos verdaderos, cuando se los echan en cara. "Tiene razón. Me abandonó porque yo tuve la culpa". De modo que la víctima asume la responsabilidad del victimario. Y su sentido de dignidad personal y autoestima, se hacen polvo.

No le recomiendo a su amiga que pase el resto de sus días conservando un sentimiento de odio y rechazo al cónyuge que la abandonó, ya que la amargura y el rencor sólo traen problemas al que los experimenta. Semejantes a un cáncer emocional que los destruye interiormente. Pero sí le sugeriría, si ella me lo permite, que examine su conducta personal con mucho cuidado. Podía tratar de contestar las preguntas que siguen a continuación:

- ¿Dejando a un lado mis fallas personales, valoré en verdad mi matrimonio y luché por conservarlo?

- ¿Buscó mi marido todas esas justificaciones porque estaba decidido de antemano a romper nuestro matrimonio?

- ¿En algún momento me mostré dispuesta a resolver los conflictos que actuaban como piedra de choque en nuestras relaciones?

- ¿Si hubiese cambiado en todos los aspectos como él quería, hubiera podido conservar nuestra unión?

- ¿Es razonable que me odie y rechace a mí misma por todo lo que ha ocurrido?

Su amiga debería conocer de qué manera el rechazo social engendra sentimientos de conmiseración y ausencia de dignidad personal en proporciones muy grandes. Y el rechazo de alguien a quien una vez amamos es el más poderoso destructor de nuestra autoestima. Su amiga necesita que la ayuden a verse a sí misma como realmente es: la víctima de una situación impredecible y no como una fracasada en el juego del amor.

Pregunta: Usted hizo mención de la relación existente entre nuestra estima personal y nuestro cuerpo físico. Yo nunca me he sentido con suficientes atractivos para llamar la atención del sexo opuesto. ¿Será por eso que siento tanto pudor de que me vean en traje de baño?

Respuesta: El pudor, fundamentalmente, posee tres fuentes originales:

Primeramente, encontramos su origen en la caída del hombre y la mujer en el huerto del Edén. Allí nació el primer pecado que trajo como consecuencia que Adán y Eva comprendieran que se hallaban desnudos, y cubrieran sus cuerpos con hojas de higueras y se hicieran delantales. Los descendientes de Adán, con algunas variantes de grado, conservan esta sensibilidad peculiar hacia sus cuerpos, y esto es inherente a la propia naturaleza humana.

La promoción actual del nudismo en público provoca rechazo a la naturaleza humana, y aquellos que lo practican por primera vez, necesitan cierto "acostumbramiento" o hábito, para poder hacerlo.

Hace poco escuché a una muchacha que se hallaba sentada cerca de mí, en un restaurante, hablar con sus amigas con mucho desenfado acerca de sus experiencias sexuales. Lo hacía en voz muy alta como si quisiera que todos pudieran escucharla. Y comentaba sin pudor alguno la "evolución" que estaba viviendo de una relación "heterosexual" a una de tipo "homosexual". Ella decía: "Me siento un poco extraña cuando camino desnuda frente a mis amigas, pero ya casi casi me estoy acostumbrando". Su propia conciencia y el pudor que Dios puso en ella estaban siendo forzados por las nuevas exigencias impúdicas que estaba intentando poner en práctica. Creo que esta joven va a tener que pagar un alto precio en un futuro no muy lejano por las ideas tan "avanzadas" a las que trataba de acostumbrarse.

Segundo. El pudor es un producto de la más tierna infancia en el seno del hogar. Existen una gran cantidad de personas que fueron enseñadas a ocultar su desnudez delante de los otros miembros de la familia, en una forma compulsiva. Con frecuencia esa costumbre de tratar la desnudez alcanza tales extremismos que más tarde son motivos de trastornos dentro del matrimono. Una actitud así, puede llegar a dañar una relación sexual legítima, que se concreta en un plano de responsabilidad consciente.

La tercera fuente de pudor exagerado es la que usted ha mencionado y con toda seguridad es la más poderosa. Las personas que experimentan vergüenza de sus propios cuerpos son las que tienden a ocultarlo de la vista de los demás. Por investigaciones que se han llevado a cabo, se conoce que el temor más grande que experimentan las alumnas de secundaria es el de ser despojadas de sus ropas y exhibidas ante la mirada de sus compañeras de estudio. Lo mismo los adolescentes masculinos que los femeninos se sienten atemorizados ante la posibilidad de hacer el ridículo, ya sea por su falta de desarrollo físico como por la precocidad corporal. A veces este sentimiento perturbador se mantiene entre las personas adultas junto a ideas erróneas que se han grabado en la mente, sobre los defectos físicos. El mejor ejemplo que tenemos sobre este asunto es la insistencia que manifiestan un gran número de mujeres para realizar el acto sexual a oscuras. A menudo son inflexibles a este respecto, aun conociendo que sus esposos prefieren verlas y desean visualizar todos sus gestos y expresiones mientras mantienen relaciones sexuales. Es indudable que en millones de lechos nupciales se han escuchado estos debates sobre puntos de vista tan diferentes.

Además, el examen médico es sumamente molesto para aquellas personas que sufren de pudor exagerado. Incluso para otro tipo de personas que son menos sensibles respecto a sus propios cuerpos, un examen físico de rutina suele transformarse en un problema. ¿Qué paciente no se ha sentido algo cohibido cuando porta una muestra de orina en medio de una sala de espera repleta de gente? ¿O qué mujer no ha experimentado la sensación de ser lady Godiva, cuando se sienta en la camilla del consultorio para hacerse un examen físico?

Pregunta: Conozco una mujer que necesita urgentemente la presencia de otras personas a su alrededor, pero que sin quererlo con su conducta aleja a esas mismas personas de ella. Habla con exceso y se pasa todo el tiempo quejándose de casi todo lo que ocurre en su ámbito social, por ese motivo sus conocidos evitan su compañía. Estoy consciente de que sufre un gran complejo de inferioridad, y considero que yo pudiera ayudarla si ella me lo permitiera. ¿Cómo podría señalarle sus fallas sin que ella se ofendiera?

Respuesta: Para lograr su propósito su conducta debe ser semejante a la del puercoespín cuando hace el amor: andar con mucho cuidado. Voy a darle un principio general que tiene múltiples aplicaciones en el trato con la gente, incluyendo el caso que usted ha presentado: *El derecho a criticar debe ser ganado, aun si la crítica es, fundamentalmente, constructiva.* Antes de señalar algún asunto que pueda afectar la autoestima de una persona, usted está obligada a demostrarle el gran respeto que le profesa, como amiga suya y como persona. La crítica debe realizarse en una atmósfera de amor, bondad y calidez humana. Cuando usted ha construido adecuadamente una relación de confianza con otro ser humano, entonces habrá adquirido el derecho de discutir algún tema de esta naturaleza. Ademas, en esos momentos se pondrá en evidencia la sinceridad de sus propósitos.

El principio que hemos mencionado, está totalmente opuesto a la manía de la "honestidad". Por ejemplo, una mujer se encuentra en su hogar y viene otra a visitarla y le dice: "Qué mal olor hay aquí adentro, bien podrías abrir las ventanas y airear esta casa de vez en cuando". O, un marido que le dice a su esposa: "Querida, no me gusta dar malas noticias, pero desde aquí estoy observando cómo te han salido arrugas alrededor de los ojos". ¿Honestidad? Efectivamente, pero qué precio tan alto hay que pagar por ella, a veces. *La honestidad*

*que no tiene la menor intención de hablar al corazón del oyente, es
una forma cruel de autosuficiencia.*

Yo le sugeriría como respuesta a su pregunta tan específica, que invierta primero un poco de tiempo en construir una saludable relación basada en la plena confianza con su amiga parlanchina. Y, después, vaya haciéndole sugerencias en pequeñas dosis. Y nunca se olvide que alguien, en cualquier lugar, podría desear corregir las fallas que hay en usted misma. Porque todos las tenemos.

Pregunta: ¿Cuál es la droga que más se consume en Norteamérica?

Respuesta: Se trata de un sedante muscular con efectos tranquilizantes que se llama "Valium". El gran consumo de esta droga basta para demostrar las grandes presiones y tensiones de nuestra sociedad. Y nos habla de la poca habilidad que tienen los norteamericanos para enfrentarse con ellas.

Pregunta: Hace tres meses que mi esposa se encuentra muy deprimida. ¿Qué clase de tratamiento le recomendaría usted?

Respuesta: Llévela a un clínico especialista tan pronto como le sea posible. Ese tipo de depresión emocional tan prolongada puede presentar consecuencias físicas y sicológicas muy serias, pero generalmente, responden en forma positiva a los tratamientos médicos. Los medicamentos antidepresivos son de gran utilidad en el control de un buen número de casos similares. Por supuesto, la medicación no eliminará las causas que la han conducido a la depresión. Y eso nos lleva de regreso a nuestro tema básico.

Notas

1. Joyce Landorf. *"The Fragancy of Beauty"* (Wheathon II. Victor Books, 1973).

Capítulo cuatro

Fatiga y vida muy apresurada

"Si pudiese vivir mi vida de nuevo, dudo
si tendría la fortaleza para hacerlo".

Flip Wilson

Hay muchas mujeres que estarán de acuerdo con estas palabras, porque la fatiga y la vida apresurada han quedado señaladas en segundo lugar en la lista de las causas de la depresión femenina.

He viajado a todo lo largo del país, desde los grandes centros metropolitanos hasta las apartadas granjas de Iowa, y he encontrado mucha gente excesivamente ocupada. Corren de un lado a otro hasta terminar agotados. Vivimos en un país de gente enojada y gruñona que corre todo el día y trabaja por la noche horas extras. Además de lo factores internos que nos perturban la tranquilidad del esparcimiento.

¿Con que frecuencia acuden a su mente las muchas obligaciones que figuran en la lista de las cosas por hacer y que en verdad son imposibles de cumplirlas todas?

- Tengo que pagar las cuentas esta noche ya que el del almacén no me puede esperar más.
- ¿Y mi hijo?, debería tratar de pasar más tiempo con él. Ya ni parecemos familia. Quizás pueda leerle algo esta noche.

- Pero tampoco debo descuidar mi cuerpo. Necesito el ejercicio físico y debo dedicarle más tiempo. Debería lograr hacer los ejercicios que transmiten en televisión por las mañanas.

- Mi examen médico anual no he tenido tiempo de hacerlo.

- Tengo que leer más. Es necesario mantener activa la mente así que no debo descuidar la lectura.

- También debo invertir más tiempo en desarrollar y cultivar mi vida espiritual. No debo dejar de lado esta área tan importante de la vida.

- ¿Y que pasa con los compromisos sociales? No podemos contar tener buenos amigos si no pasamos tiempo con ellos. Los Sánchez nos han invitado en dos ocasiones, y tengo que retribuirles su invitación y amabilidad. Debo fijar la fecha y tratar de cumplirla no más.

- Hay varias cosas que debo reparar en la casa, y los impuestos se vencen el próximo mes. Lo mejor sería hacer planes para realizar todo esto, pero... excúseme me llaman urgentemente por teléfono.

Así estamos muy ocupados. Se puede notar fácilmente. Pero ¿que tiene que ver nuestra vida apresurada con la depresión? Precisamente, cada obligación que no podemos cumplir es una fuente de culpa. Si en los muchos compromisos que debemos enfrentar, alguno falla, esto deteriora nuestra propia estima.

- Realmente no soy un buen padre.

- Yo no soy una buena esposa, me siento agotada, no soy organizada y esto me confunde. No estoy a la moda y sigo separada del mundo. No tengo amigos verdaderos, y pienso que Dios no está contento conmigo.

En verdad la vida recargada con muchas actividades contribuye a la enfermedad mental. Y esta fue la causa de la depresión que las mujeres marcaron en mi cuestionario.

Vince Lombardi, el gran futbolista pronunció un inspirado discurso dirigido a su equipo al comenzar una temporada. Sus comentarios fueron apropiados en aquella ocasión y son pertinentes para hoy. Lombardi habló de la fortaleza humana y dijo:

El agotamiento físico nos vuelve cobardes a todos.

¡Que razón tenía al decir esto! El cansancio nos impide enfrentar las travesuras de los niños, la lavadora de ropa rota, y las diversas inconveniencias diarias. Además es cierto que *cuando estamos cansados nos acosan pensamientos que creíamos haber superado ya hace tiempo.* Quizás esto explique por qué las mujeres y los hombres que están recargados de trabajo se acobardan, lloriquean, lastiman y hieren a las personas a quienes aman.

Si la fatiga y la prisa produce tal deterioro en los nervios, ¿por qué nos metemos en tantas obligaciones y compromisos que nos mantienen ocupados? Es tal vez que se piensa que ese ritmo de cosas es algo temporario. Ya he escuchado todas las razones que se arguyen para "seguir haciendo esto". He aquí algunas de las más comunes entre las parejas jóvenes.

1. José está instalando su propio negocio. Esto nos llevará algunos años para logar salir adelante.

2. A Pedro le quedan dos años de universidad para terminar su carrera. Así que yo tengo que trabajar para contribuir un poco a la economía familiar.

3. Tengo un nuevo hijo así que ya usted sabe lo que esto significa.

4. Acabamos de comprar una nueva casa, y tendremos que esforzarnos un poco más.

Cuando escuchamos todo esto es posible pensar que está muy lejano el día en que puedan cumplir todas sus obligaciones. El ritmo de vida se va haciendo rutinario y la agitación y la prisa no terminan nunca. Mi secretaria tiene un cartelito en su computadora que dice: "Cuando la prisa ocupa el primer lugar, voy directo a una crisis nerviosa. Yo misma me la gané y la merezco, y nadie me ayudará a sobrellevarla". El tiempo nos demuestra que la prisa no debe ser lo primero en nuestra vida.

Y nadie corre más rápido que la madre de niños pequeños. No sólo corre todo el día sino que sus experiencias le pueden conducir fácilmente a un agotamiento emocional, pues soporta todo tipo de presiones que la pueden dejar exhausta. Los niños en las edades de dos a cinco años poseen una habilidad increíble para alterar el sistema nervioso de cualquier persona. Quizás es la incontrolable vocecita que golpea el oído de la madre con un montón de preguntas hasta dejarla rendida. ¿Qué madre no ha sostenido con su pequeño hijo una conversación como esta, millones de veces?

Juanito: Mami, ¿me puedo comer una galletita? ¡Sí mami! ¿Puedo? ¿Una sola? ¿Por qué no, mami? ¡Si sólo quiero una! Eh mami, ¿puedo? ¡Mamá! ¿Puedo comerme una galletita?

Mamá: No hijo, ya vamos a cenar dentro de un momento.

Juanito: ¡Pero una sola galletita, mami! ¿Por qué no puedo comerla? ¿Puedo? Después me como toda mi cena sin protestar. ¿Puedo, mami? A mi perro también le gustaría comer una. ¿Puedo darle una? ¿No puede mi perrito comerse una galletita? ¿Tú piensas que a él no le van a gustar?

Mamá: Sí, Juanito, yo creo que al perrito le gustan las galletitas...

Juanito: Entonces... ¿puedo darle una galletita? ¿Y me puedo comer yo una también?

Aunque la mamá sea paciente y se levante cada día llena de optimismo, una serie de preguntas como estas, la convertirán en un manojo de nervios antes que llegue la noche.

Mi esposa Shirley y yo observamos este proceso en un restaurante en Hawai, mientras esperábamos sentados a la mesa, el verano pasado. Una pareja joven con su hijito de unos cuatro años, se sentaron cerca de nosotros, y el niño disparaba palabras como si fuese una ametralladora. ¡No sé si respiraba esa criatura! Preguntas y comentarios tontos salían de sus labios de forma incontenible. Era fácil notar el fastidio en el rostro de los padres y parecían que estaban a punto de explotar ante el torrente de palabras del niño.

Finalmente la madre de inclinó sobre él y casi sin mover los labios y con los dientes apretados le dijo: ¡Silencio, ya cállate! ¡Ni una palabra más! ¡Si dice algo más voy a explotar!

Shirley y yo quisimos sonreír pero su frustración nos era muy familiar. Esa joven madre nos dio a entender que este pequeño niño venía atormentándola con su interminable charla por más de dos años, de día y de noche y que la estabilidad nerviosa de ella estaba a punto de estallar.

Cuando abandonamos el restaurante tomamos diferentes direcciones pero aún alcanzamos a escuchar:

—¿Quiénes son ellos, mamá? ¿De dónde los conoces? ¿Quién es esa pareja, mamá?

La madre de un niño menor de tres años, necesita el apoyo amoroso de su marido. Esto ha sido particularmente necesario en nuestro hogar. Recuerdo bien el día en que mi esposa puso a Ryan que tenía catorce meses, sobre la mesa para cambiarle el pañal. Tan pronto como se lo quitó Ryan orinó y manchó hasta la pared. Shirley no bien había terminado de limpiar, cuando sonó el teléfono. Mientras ella contestaba, Ryan sufrió un "ataque de diarrea" y ensució la cuna y toda su ropa. Pacientemente mi esposa bañó al niño, limpió la cuna y el piso y le cambió la ropa ya a punto de caer rendida. Cuando ya Ryan estaba limpio lo cargó y amorosamente lo apoyó en su hombro, entonces el pequeñín le vomitó encima todo el desayuno que había tomado. La ensució a ella y él quedó de nuevo todo sucio. Shirley me dijo esa tarde que pensaba replantear sus responsabilidades en el hogar, para ver si días como este se podrían describir en letra de molde. De más está decir que esa noche toda la familia fue invitada a cenar afuera.

La presentación acerca de la fatiga de las madres no sería completa si no mencionamos las horas de la tarde. Estas son las más difícil del día para aquellas madres que tienen hijos pequeños. Mucho se ha escrito últimamente acerca de la crisis mundial de energía, pero nada hay comparable al "bajón" de energías que experimenta una madre en esta horas. El momento de la cena se acerca, y después hay que lavar los platos. Ella se siente cansada pero ahora tiene que lidiar con los niños para que vayan a la cama. Hay que bañarlos, que se laven los dientes, ponerle pañales, leerles cuentos y orar con ellos. Luego tendrá que llevarles vasos de agua todas las veces que pidan. Esto no sería tan difícil si los niños quisieran en verdad dormir. Pero no es así. Ellos desarrollan refinadas técnicas para resistir y posponer el momento de dormir. Para los niños es tonto aquel que no logra mantener un proceso que debe durar unos diez minutos a más de una hora. Y al fin cuando la madre ha terminado el proceso y sale del cuarto ha punto de caerse, su marido la espera apasionado para compartir abrazos y besos en la cama. ¡Bonito momento para hacer el amor!

Ahora miremos el problema del cansancio y de la vida apresurada desde la perpectiva infantil. ¿Cómo enfrentan ellos la vida familiar con su constante y agitado ir y venir? Primero, ellos se dan cuenta de la presión que existe en el hogar, aunque los padres quieran ignorarla o negarla. Un padre me contó que una vez estaba amarrando los cordones de los zapatos de su hijo, y no se daba cuenta de lo apurado que lo hacía. El niño lo observó cuidadosamente y le preguntó:

—¿Estás apurado otra vez, papi?

La pregunta certera le llegó al corazón y contestó:

—Sí, hijo, creo que siempre estamos de prisa —fue lo único que pudo decir pesarosamente.

El punto de vista infantil fue expresado de forma hermosa por una niña de nueve años que escribió acerca de lo que ella pensaba que era una abuela. Esta redacción fue publicada por la enfermera Juanita Nelson y apareció en el boletín de empleados del Hospital Infantil de Los Ángeles. Creo que usted apreciará la increíble profundidad de los conceptos expuestos por esta niña de segundo grado.

¿Qué es una abuela?

Una abuela es aquella mujer que no tiene niños propios. Le gustan los hijos de las otras personas. Un abuelo es como una abuela, con la diferencia que él es un hombre. Le gusta caminar con sus nietos, y que ellos le hablen de pesca, y de toda clase de pequeñeces.

La abuela no hace nada, excepto lo que se le presente. Es vieja, de manera que no puede jugar fuerte o correr rápido. Así que basta con que nos lleve al supermercado a cabalgar en los caballitos mecánicos. Y siempre tendrá las monedas listas para irlas poniendo a fin de que sigan funcionando. Y si nos saca a caminar, irá lentamente pisando las hojas caídas de los árboles. Jamás la abuela dirá: "Vamos, niños, apúrense".

Por lo general, las abuelas son gordas, pero siempre se las arreglan para poder atarnos los cordones de los zapatos. Usan lentes y ropa muy graciosa. Y se pueden sacar los dientes y mostrártelos.

Las abuelas no son personas inteligentes. Sólo tienen que responder a preguntas sencillas como: "Abuela, ¿Dios está casado?", o ¿Por qué los perros persiguen a los gatos?"

Las abuelas siempre nos hablan en un idioma fácil, y no como las visitas a quienes es difícil entender. Y cuando nos leen un cuento, no protestan, ni nos recuerdan que ya lo han leído varias veces.

Cada niño debería tratar de tener una abuela. Especialmente, si no tiene televisión. Porque ellas son la únicas entre los adultos que siempre tienen tiempo.

¿Cómo ha podido brotar tanta sabiduría de la pluma de una niña de tan corta edad? Ella nos ha demostrado el papel tan importante que tienen las abuela en las vidas de los niños pequeños. Especialmente aquellas que pueden sacarse los dientes y mostrárselos a los pequeños. (Recuerdo una vez en que mi hija trataba de hacerle morder una galletita dura a un niñito. La hermanita furiosa le dijo: "Él no se la puede comer, estúpida, ¿no te das cuenta que tiene dientes de goma?") Sin poner mucha atención a la condición de los dientes, los abuelos y las abuelas son invalorables para el mundo infantil. Por una sola razón: "Son los únicos entre los adultos que siempre tienen tiempo".

Es interesante notar que los niños que hemos mencionado, hicieron referencia ambos a la vida tan apresurada que llevan los adultos. Los niños necesitan de persona mayores que "caminen con ellos y les escuchen hablar de pesca, y de toda clase de pequeñeces". Que le contesten preguntas acerca de Dios y de la naturaleza. Yo hice referencia de esto en mi libro *Hide or Seek* (Esconder o buscar), y considero conveniente repetir aquí algunos consejos:

¿Por qué tenemos que recordar nuevamente a los "ocupados" padres que sean sensibles a las necesidades de sus hijos? ¿No debería ser ésta, una expresión perfectamente natural de su amor e interés por los pequeños? Sí. Debería serlo. Pero papá y mamá tienen sus propios problemas. Están bordeando los límites de su resistencia física debido a la vida tan agitada que llevan. Papá tiene tres trabajos y debe esforzarse por conservarlos. Mamá tampoco tiene tiempo libre. Por ejemplo: Le queda sólo esta tarde para limpiar la casa, ir al supermercado; arreglar las flores y coser el dobladillo del vestido que lucirá mañana. Tiene una lista de tres páginas de cosas para hacer. Y ya le ha comenzado un dolor de cabeza a raíz de todo esto. Abre una lata de comida para darle de cenar a los niños, y espera que ellos no le desordenen su peinado nuevo. Cuando son la siete de la noche, el pequeño Roberto gatea debajo de la madre y le dice: "Mira, mamá cómo me arrastro". Ella da un vistazo hacia abajo y exclama: "¡Sí, sí!", pero, obviamente, está pensando en otra cosa.

Diez minutos más tarde Roberto le pide un poco de jugo. Ella se siente molesta por su pedido pero le da lo que solicita. Está atrasada con todas las cosas y su tensión nerviosa va aumentando. Cinco minutos después el niño la interrumpe nuevamente pidiéndole que le alcance un juguete, que está guardado en la parte más alta del ropero. Ella lo mira y corre a su cuarto para satisfacer su pedido. Cuando llega encuentra todas las cosas regadas en el suelo, y la goma de pegar derramada sobre el piso. La madre explota, grita, amenaza, y descarga sobre Roberto todo su nerviosismo y tensión.

¿Le parece familiar esta descripción? Quizás sea la rutina diaria de muchos hogares norteamericanos. Hubo un tiempo en nuestro país en el que un hombre no se angustiaba si perdía la diligencia en una estación: la podría volver a tomar el mes siguiente. Ahora, si una persona no logra entrar enseguida a una puerta giratoria, comienza a amargarse. ¿Pero se imagina quiénes son los grandes perdedores en este estilo de vida? Son lo niños. Los que se recuestan contra las paredes con las manos en los bolsillos de los pantalones, esperando que sus padres regresen del trabajo. Y cuando el padre llega a la noche, el chico corre y le dice:

—¡Vamos a jugar un rato, papá!

Pero papá viene agotado. Además, trae un maletín lleno de trabajo para hacer en casa. A su vez, la madre le había prometido que lo llevaría a pasear al parque, pero en el últmo momento tuvo que asistir a una reunión de señoras. Y el niño comprende... de nuevo sus padres están muy "ocupados". Así que camina sin rumbo un rato por la casa y luego se sienta delante del televisor para ver los programas de dibujos animados y las películas de las dos horas siguientes...

Los niños no están incluidos en el programa de "cosas" por hacer que los padres tienen. Es que lleva tiempo introducirlos en la lectura de buenos libros. Lleva tiempo escucharlos cuando nos cuentan de cómo se hicieron esa herida en la rodilla, o nos refieren la historia del pajarito que se encontraron con el ala rota. Pero son éstos los cimientos sobre los cuales se edifica la estimación propia. Y se necesita construirlos con amor. Pero muy pocas veces los padres tienen tiempo para eso, dentro de sus horarios tan ocupados. Y esa vida agitada que llevan les producen cansancio, y el cansancio causa irritabilidad, y conduce a la indiferencia. Y tal indiferencia es interpretada por los niños como falta de interés genuino y aprecio personal.

Como dice la propaganda: "Ande con calma, amigos". ¿Por qué vivir siempre apurado? Y entonces no tendrán nada, sino difusos recuerdos de estos años tan importantes que los necesitan a ustedes de manera especial. No estoy sugiriendo que debamos invertir la totalidad de nuestro tiempo en beneficio de la generación que viene, ni que todos debemos ser padres. Pero nuestros niños están en el mundo, y son ellos los que merecen el primer lugar en nuestro programa de actividades. Sé que mi mensaje suena como aislado y solitario en medio de la sociedad y el tiempo que vivimos. Muchos les están diciendo a las madres que salgan a trabajar, que se ocupen de sus propios asuntos; que dejen a sus niños con empleadas o en la guarderías estatales. Allí sus niños serán enseñados, guiados y disciplinados, mientras ella trabaja. Creen que otra persona puede transmitir el sentido de estimación y aprecio a aquel pequeñín que todas las mañanas tiene que decirle a su progenitora: "Adiós, mamá".[1]

Resumen y recomendaciones

De todo lo tratado aquí acerca de la fatiga y de la vida apresurada, ¿cuáles serían las ideas básicas que las mujeres desearían que pudiesen comprender sus esposos? Yo pienso que la depresión femenina que va asociada con el cansancio y la vida agitada, se podría reducir en gran escala, si los esposos comprendieran los tres conceptos siguientes:

1. Por alguna razón extraña, los seres humanos especialmente las mujeres soportan más fácilmente el cansancio y las tensiones, si por lo menos saben que otra persona conoce lo que ellas están enfrentando. Este principio puede catalogarse con el rótulo: "Comprensión humana". Y es supremamente importante para las esposas. Las frustraciones que producen los niños al crecer, y las que provienen de las tareas domésticas, serían mucho más llevaderas si los esposos actuaran como si las comprendieran. Aun si el hombre no hiciera nada para cambiar la situación, simplemente el reconocimiento de que su esposa ha hecho un buen trabajo, haría que ella pudiera sobrellerlo todo de forma más fácil. Desgraciadamente ocurre lo contrario. Millones de esposos preguntarán imperdonablemente a sus esposas al regresar al hogar: "¿Qué estuvite haciendo todo el día, querida?". El mismo tono de la pregunta pareciera significar que la esposa se ha pasado todo el día confortablemente recostada en el sofá, tomando café y viendo la televisión, después de haberse levantado a mediodía. Y la mujer lo mataría gustosamente después que se ha atrevido a decir eso.

   Cada persona necesita saber que es respetada y apreciada por la forma en que cumple sus responsabilidades. Los hombres satisfacen esta necesidad a través de los ascensos laborales, aumentos en los salarios; premios anuales y frases dichas al pasar durante la jornada cotidiana. Y ya que ellos lo reciben de otra parte, las mujeres en el hogar esperan lo mismo de sus esposos. Las esposas y madres más infelices serán aquellas que se cansan hasta el agotamiento cuando están solas, y luego sus maridos nunca se pueden "explicar" por qué ellas siempre están cansadas.

2. Muchas mujeres afirman que las tareas diarias de cuidado, limpieza de la casa y atención de los niños pueden ser llevadas a cabo con relativa facilidad. Es la acumulación de trabajo suplementario lo que trastorna su ritmo. Periódicamente hay que limpiar el refrigerador, la cocina, cambiar los papeles de los estantes, y sacudir las ventanas. Además hay que encerar el piso. Esta clase de responsabilidades periódicas, siempre están esperando a la ocupada madre, y le van creando la sensación de que está eternamente atrapada. Yo afirmo que muchas familias puden proveer ayuda del exterior para este tipo de actividades, y que es necesario invertir una cierta cantidad de dinero para este propósito.

La sugerencia de contratar a alguien para que trabaje en las labores domésticas puede parecer impracticable en una economía inflacionaria como la nuestra, donde a todo el munso le sobran días del mes, cuando el sueldo ya se ha terminado. Sin embargo, yo sugeriría que cada familia haga una revisión de la forma cómo está gastando sus ingresos. Yo traté este tema en *Hide or Seek* (Esconder o buscar), y aquí simplemente quiero recordar algunas cosas básicas:

Muchos norteamericanos mantienen una "lista de prioridades". O sea, cosas que quieren comprar cuando tengan algún dinero de más, o cuando lo hayan ahorrado. Planean arreglar el sofá; cambiar la alfombra del comedor, o comprar un auto nuevo. Sin embargo, estoy convencido que la ayuda doméstica para una madre que tiene niños pequeños, debe figurar en esa lista también. Sin dicha colaboración, condenamos al ama de casa a la misma responsabilidad día tras día, durante toda la semana. Y por muchos años no podrá escapar del cúmulo de pañales sucios, narices sucias, y platos sin lavar. Pienso que ella desempeñaría su trabajo

mucho más eficientemente y lograría ser una mejor madre, si pudiese contar con alguien que la ayudara de vez en cuando. Para ser más explícito, yo creo que las madres deberían tener la oportunidad de disfrutar un día entero por semana, fuera de su casa, haciendo algo que le sirva de esparcimiento. Y esto es más importante para la felicidad hogareña que una nueva alfombra, o una herramienta distinta para papá.

Pero, ¿cómo puede una familia de clase media, en este momento de crisis económica, contratar a alguien que limpie la casa, y cuide los niños? Puede ser mejor conseguir una chica joven de secundaria en lugar de una persona mayor. Yo le aconsejaría que consultara con la secretaria de alguna escuela secundaria cercana. Dígale que usted necesita una chica madura de unos dieciseis años, para que le ayude en un trabajo de limpieza. No le comente que piensa contratarla regularmente. Cuando la chica venga a casa, sométala a prueba por un día, y observe qué tal hace el trabajo. Si nota que es eficiente, ofrézcale esa ocupación semanal. Si no rinde como usted esperaba, páguele las horas, déle las gracias y búsquese otra chica para la próxima semana.

Existen diversos niveles de madurez aun entre las alumnas de secundaria, y eventualmente usted podrá encontrar alguna que desempeñe el trabajo con la responsabilidad de un adulto.

Y si por casualidad su esposo está ahorrando para comprarse una sierra mecánica, sería mejor que usted eliminara uno de sus propios deseos de la lista de prioridades. Por lo menos para comenzar. De todas maneras, no le diga a su marido que yo le aconsejé esto.[2]

3. Maridos y mujeres deberán permanecer constantemente en guardia contra el flagelo el exceso de compromisos. Aun activides agradables y encomiables pueden llegar a ser perjudiciales cuando consumen demasiada cantidad de energía, y ocupan los momentos libres del día. Quizás esto resulte raro en una familia donde cada uno dispone de su tiempo para sus actividades, separar algún momento para caminar tranquilamente o para compartir una agradable conversación. Los hombres gastan tiempo en el garaje, y las mujeres en su arreglo personal a fin de sentirse jóvenes de vez en cuando. Pero ya hemos dicho que todo parece conspirar contra estas actividades saludables. ¡Aun cuando salimos de vacaciones andamos apurados! "Debemos llegar antes de medianoche a San Luis, si no perderemos nuestras reservaciones en el hotel".

Sugiero una receta muy simple para contribuir a la felicidad familiar. Pero debe ser adaptada por cada familia en forma individual: Deben proponerse andar más despacio. Deben aprender a decir "No" de la manera más gentil. Deben resistir la tentación de andar a la caza de placeres y diversiones y compromisos sociales. Y deben sostener esa posición con la tenacidad de un jugador profesional que detiene los ataques de sus adversarios. Esta es la forma de defender la paz familiar. Básicamente hay que preguntarse tres cosas ante cualquier nueva actividad que se nos presenta:

• ¿Vale la pena invertir tiempo en esto?

• ¿Qué debo eliminar si añado esta actividad?

• ¿En qué forma esta nueva actividad afectará a la familia?

Estoy convencido que muchísimas de las ocupaciones que absorben nuestros días, no resistirían la prueba de estos tres interrogantes, y, ahora, perdóneme... se me hace tarde para una cita...

Preguntas y respuestas

Preguntat: ¿Qué opinión le merecen las madres de preescolares que trabajan fuera de su casa? ¿Qué lugar ocupa "el trabajo de fuera" en el incremento de la fatiga y de la agitación del ritmo de vida?

Respuesta: No se puede invertir cuarenta horas semanales en un trabajo, sin que la fatiga y la agitación del ritmo de vida se tornen una realidad personal. Así que yo me opongo totalmente a que las madres de niños pequeños tengan un trabajo de tiempo completo, en situaciones en que realmente no es importante o indispensable.

A pesar de eso, estamos presenciando el hecho de que una gran cantidad de mujeres se desempeñen dentro del mundo del comercio, con funestas consecuencias para el hogar y la familia. Como ya lo dijimos, a cada ama de casa frustrada se le ofrece la misma solución para su sentimiento de subestimación: "Búsquese un trabajo, obtenga un título, ocúpese de sus asuntos". Actualmente, casi la mitad de las mujeres norteamericanas trabajan como empleadas, y esas estadísticas están en aumento. Mi punto de vista ante este énfasis nacional no será muy popular o adecuado para ganar admiradores dentro de ciertos círculos, pero no me puedo callar ante un asunto tan importante. En resumen: *Yo creo que este abandono del hogar es el error más grave y peligroso que podemos cometer como nación.*

Por cierto, hay situaciones difíciles que demandan de una esposa que salga a trabajar para ayudar al sostén de la familia. Existen tragedias hogareñas donde el marido se encuentra imposibilitado de trabajar. O si se ausenta del hogar por una u otra razón. Esta clase de problemas requieren la contribución financiera de la mujer que los enfrenta. Sin embargo, difundir el concepto a lo largo y ancho del continente que cada mujer que no esté "trabajando afuera" está siendo engañada y explotada es una mentira que acarrea graves consecuencias.

Esta mentira se encuentra fuertemente respaldada por dos mitos que son igualmente falsos. El primero es que muchas madres de niños pequeños son capaces de trabajar todo el día y volver al hogar para cumplir sus obligaciones familiares, aun más eficientemente que si hubiesen permanecido en casa. ¡Tonterías! Existe determinada cantidad de energía de la que un cuerpo humano puede disponer diariamente, y cuando esa energía se invierte en un lugar, no está disponible para ser usada en otro. Resulta muy improbable que una mujer pueda levantarse temprano en la mañana, alimentar y preparar a la familia para el resto del día, entrar a trabajar a la 9, salir a las 6; llegar a su casa y a la 6:30 tener toda la energía para desarrollar las responsabilidades hogareñas hasta medianoche. Ella puede recurrir a comidas fáciles de preparar, y ser muy diestra en la cocina. Pero pocas mujeres están equipadas con la "superenergía" necesaria para, luego de un día de trabajo, satisfacer las necesidades emocionales de sus hijos, guiarlos, disciplinarlos, contribuir al desarrollo de su propia estimación y luego de todo eso, mantener una agradable relación sexual con su esposo. Tal vez pueda sobrellevar ese ritmo por una semana, un mes, o una temporada. Pero ¿a través de todo el año? Sencillamente me niego a creerlo. Por el contrario, he observado que esposas exhaustas y madres irritables y malhumoradas, transmiten todos estos conflictos a la familia entera.

Además, las madres excesivamente ocupadas deben recurrir a toda su capacidad creativa para poder cumplir con todos sus compromisos. Conozco una mujer que tiene una treta única y singular cuando está atrasada en la preparación de la cena. Unos minutos antes que su marido llegue del trabajo, ella corre a la cocina, corta unas cebollas y las pone a freír. Cuando el hombre atraviesa la puerta de su hogar, es recibido con el apetitoso aroma del rico plato que su mujercita está cocinando. Y se alegra de que la cena vaya tan adelantada. Así que con toda tranquilidad se sienta en el sillón a leer el periódico y a esperar la suculenta cena. Por supuesto, con frecuencia ella tiene que explicarle cómo es posible que esos sandwiches tan simples que comen después, pueden llenar la casa con un olor tan agradable, como el más rico plato que uno pueda imaginarse.

El segundo mito, que también carece de fundamento, es que los niños menores de cinco años realmente no necesitan del cuidado y atención de sus madres. Si esta mentira fuese cierta, entonces las mujeres que trabajan se quedarían con la conciencia tranquila. Pero simplemente tal afirmación no es compatible con los descubrimientos científicos. Acabo de asistir a un encuentro nacional, sobre la crianza de los niños, en Miami, Florida. Virtualmente, cada informe de investigaciones que era presentado por alguien, culminaba con las mismas palabras: "La relación de compañerismo madre-hijo, es absolutamente vital para el desarrollo saludable del niño". El último orador del encuentro, explicó que el gobierno de Rusia actualmente está aboliendo el cuidado de los niños a cargo del Estado, porque ha observado este hecho inocultable: Las empleadas estatales sencillamente no pueden reemplazar la influencia directa e individual, que debe ejercer la madre sobre su propio hijo. El orador concluyó la conferencia diciendo que la responsabilidades femeninas son tan vitales e importantes para las generaciones venideras, que el futuro mismo de nuestra nación depende de cómo "veamos" a nuestras mujeres en el día de hoy. Yo estoy plenamnte de acuerdo con esto.

Pero mi opinión personal en este asunto, no sólo está basada en una evidencia científica, o en la experiencia profesional. También ha sido determinada por la situación de nuestro propio hogar. Nuestros hijos son infinitamente complejos, como todos los niños. Y mi esposa y yo deseamos guiarlos nosotros mismos en estos decisivos años de su formación. Danae, la hija, tiene nueve años. Dentro de cuatro años ya será una adolescente, y admito que me siento muy celoso de que alguien quiera robarme estos últimos años de su niñez. En este momento, cada instante es precioso para mí. Ryan tiene ya cuatro años, que ha cumplido luego de comenzado este libro. No sólo está en actividad constantemente, sino que se encuentra en un período de rápidos cambios físicos y emocionales. El tiempo no resulta insuficiente para observar con detenimiento el dinámico crecimiento de nuestro hijo. Cuando salgo durante cuatro o cinco días para algunas conferencias, lo encuentro muy cambiado a mi regreso. Y es que los fundamentos de su futura estabilidad emocional y física están siendo puestos, momento a momento, piedra sobre piedra, precepto sobre precepto.

Ahora, a quienes no les haya agradado lo que yo he dicho hasta aquí, les pregunto: ¿A quién podría yo encargar la tarea de guiar este constante proceso de crecimiento de mis propios hijos? Si mi esposa y yo estuviésemos todo el día trabajando, ¿quién podría encarar con eficiencia esa misión? ¿Qué niña que los cuide podría ocupar nuestro lugar? ¿Qué grupo de orientación podría proveer el amor y la guía individual que Ryan necesita y merece? ¿Quién sería capaz de presentarle a mis hijos nuestros valores y nuestras creencias? ¿Quién respondería a sus pregunta en el momento que la formulen? ¿A qué persona puedo yo delegar los momentos cumbres de las experiencias cotidianas de mis hijos? El mundo entero puede hacer su elección, pero yo personalmente, y en mi hogar también, hemos dado la bienvenida a la gran oportunidad que se nos ha concedido de formar estas dos tiernas vidas, bajo nuestro cuidado. Y me preocupa mucho la suerte que correrá una nación que cataloga esta tarea como "ingrata, infructuosa y aburrida".

Sé perfectamente que los niños pueden irritar y frustrar a sus padres, y ya lo he descrito. Pero la satisfacción de criarlos justifica cualquier precio que haya que pagar por ello. Además, nada de lo que vale en el mundo se alcanza sin esfuerzo.

Pregunta ¿Sugiere usted que cada mujer debería ser esposa y madre, dejando de lado cualquier otro de sus anhelos?

Respuesta: Claro que no. Una mujer debe sentirse libre para elegir el rumbo que quiera imponerle a su vida. En ninguna manera deberá ser presionada para formar una familia, abandonando su profesión, o sus proyectos de estudio si ella no lo desea. Aun más, rechazo el viejo concepto de que una mujer joven debe casarse a la primera oportunidad, o con el primer candidato que se le presente. Mi crítica más fuerte no se dirige contra las que han elegido un estilo de vida que excluye la formación de un hogar con marido e hijos. Más bien, me refiero a aquellas que abandonan sus responsabilidades, luego de haber elegido determinado camino para sus vidas.

Notas

1. James Dobson, *Hide or Seek* (Old Tappan, N.J. Fleming H. Revell Co., 1974) pp. 53-55, usado con permiso.
2. Ibid.

Capítulo cinco

Soledad, incomunicación, aburrimiento, falta de romanticismo en el matrimonio

E ra muy predecible que las mujeres que respondieron a la encuesta, marcaran como tercera y cuarta causa de depresión a una situación que las acosa. Estos factores se hallan muy entrelazados unos con otros, en variadas formas. Me refiero a la desesperación proveniente de la soledad, la incomunicación; el aburrimiento y la falta de romanticismo en el matrimonio.

Dudo que exista algún consejero matrimonial que no haya enfrentado todos los días de su trabajo, estos problemas en la vida de las personas que le consultaron.

Una mirada más atenta a las respuestas de las mujeres, revela la gran importancia que estos problemas significan para ellas. Cerca de un tercio del grupo señaló estos factores entre los cinco primeros lugares (subestimación; soledad; incomunicación; aburrimiento; y ausencia de romanticismo en sus matrimonios). Las esposas decían:

- No me gusto a mí misma
- No tengo una relación valiosa con nadie fuera de casa.
- No me siento cerca del hombre a quien amo.

¡Parece obvio que estos tres problemas aquejan a todo el mundo! Estas esposas y madres, jóvenes y atractivas, admitieron sentirse emocionalmente separadas del resto de los habitantes que pueblan la tierra. Y allí radica una causa grande el malestar femenino en la Norteamérica del siglo XX.

Los sentimientos de aprecio por uno mismo, y de aceptación personal, que son pilares de una personalidad sana, sólo se obtienen de una fuente. No se los puede comprar ni fabricar. La autoestima es exagerada únicamente por aquello que vemos en los ojo de los demás respecto a nosotros mismos. Sólo cuando otros nos aman nos amamos a nosotros mismos. Únicamente cuando otros nos encuentran simpáticos, agradables y dignos de aprecio, es que podemos comenzar a llevarnos bien con nuestro propio yo. Ocasionalmente se presenta el caso de una persona criada con tal dosis de confianza en sí misma que parece no necesitar la aceptación de los demás. Pero encontrar tal tipo de personalidad es bastante raro. La gran mayoría de nosotros dependemos de que nuestros relacionados nos acepten, para poder sostenernos emocionalmente día tras día. ¿Qué diremos entonces de quien vive en un estado de perpetuo aislamiento, privada de amor, y de la calidez de una relación humana, año tras año?

Tales personas empiezan a experimentar sentimientos de indignidad personal, y sus consecuencias son la depresión y la desesperación.

¿Qué pasa con las esposas que se encuentran privadas de mantener relaciones significativas con personas fuera del hogar? ¿Hacia qué otros rumbos pueden dirigirse sus sentimientos que no sean más que la soledad y la depresión emocional? Pienso que existen seis factores que explican la incomunicación de las mujeres de hoy, y vamos a examinarlos muy atentamente.

1. Los niños pequeños contribuyen a mantener a sus madres incomunicadas. No es cosa fácil tomar los pañales y todos los demás aparejos necesarios para la atención de un bebé, cargarlos en el auto e ir a visitar a una amiga. La mujer se pone a pensar si realmente vale la pena todo ese esfuerzo.

Los niños no desean irse a jugar solos, y molestan a las madres quedándose cerca de ellas y llamando su atención consstantemente. Y si no están bien disciplinados, la madre se sentirá muy incómoda al llevarlos a cualquier parte, y la invitación de sus propias amigas comenzará a escasear. Porque simplemente no pueden soportar a esos niños en sus propia casas.

Así la madre del preescolar tiende a permanecer siempre en casa, soportando mes tras mes la compañía de la "gente menuda". Escuché una anécdota acerca de una mujer que por fin tuvo una oportunidad de salir de casa alguna vez. La empresa en la que trabajaba su marido había preparado un banquete en honor de los empleados que se jubilaban. Y a esta señora le tocó sentarse justamente al lado del presidente de la compañía.

Se sentía muy nerviosa al estar hablando con un adulto nuevamente. Porque temía hablar como lo hacía con su bebé. Para su propia sorpresa, sin embargo, conversó sin una sola falla durante toda la comida, opinando sobre eventos mundiales y sobre temas políticos. Pero luego con espanto, se dio cuenta que a través de toda la charla le había estado cortando la carne en el plato, y dándosela con el tenedor en la boca, al presidente de la compañía. Supongo que esto puede ser catalogado como "un riesgo profesional" que puede correr cualquier ama de casa.

2. Pienso que las vanguardistas femeninas, me harán picadillo por lo que voy a decir. Pero he podido constatar que las mujeres son tan malignas como cualquier hombre, con lo demás. Habiendo estado en la supervisión de empleadas durante años, he observado con asombro cómo se desplazan entre sí, al más mínimo conflicto que surgía. Una explosión de repercusiones monumentales, comenzó con un disgusto entre cuatro secretarias acerca de la efectividad de un desodorante. ¿Se imagina usted los enrojecidos rostros de la cuatro mujeres, agrediéndose unas a otras, y discutiendo acerca de si era mejor el desodorante en aerosol o en barra? (En realidad el conflicto verdadero era

mucho más profundo e incluía viejos resentimientos que nada tenían que ver con el desodorante.) He tenido como empleadas a dos o tres antagonistas tan talentosas, que me creaban más problemas en una tarde, que los que yo podía resolver en una semana. Creo que esa misma situación de competencia se presenta entre las amas de casa. Hay algunas mujeres que sencillamente no pueden compartir absolutamente nada con otras. Unas pocas son menos agresivas cuando se encuentran solas que cuando están reunidas en grupo, y se sienten amenazadas. Tales mujeres no podrían pensar en invitar a "las muchachas" a tomar un café en su casa, a menos que lograsen que ésta reluzca por afuera y por adentro. Y además tendrían que preparar una torta "superdeliciosa". Y otras que viven en hermosas casa, jamás serán invitadas por aquellas que se sienten incómodas por sus humildes moradas. Y las que están casadas con profesionales que tienen empleos bien remunerados, sufren también el resentimiento de las otras, que deben luchar todos los meses para alcanzar a pagar las cuentas. En resumen, las mujeres frecuentemente se encuentran predispuestas justamente contra aquellas que más necesitan para incrementar el mutuo respeto y el sentimiento de aceptación propia. El resultado es la soledad y el aburrimiento.

3. Los sentimientos de inferioridad sirven para incomunicar a hombres y mujeres unos con otros. Y ya expresé lo contrario: La incomunicación acrecienta la inferioridad. Estas dos situaciones frecuentemente interactúan formando un círculo vicioso, que se proyecta en desesperación y soledad. La mujer que no tiene amigas —y estoy hablando de verdaderos amigos—, se siente a su vez incapaz para establecer nuevos contactos sociales. Y este fracaso en hacer nuevas amistades, la hace sentirse aun más inferior. Un ama de casa en estas condiciones es candidata segura para dedicarse a ciertos vicios "secretos" como el alcoholismo, el consumo de drogas, y algunas llegan hasta el suicidio. Desesperadas por lograr relaciones significativas con otras persona,

son a menudo malinterpretadas por sus propios congéneres que las tildan de "presumidas, frías, retraídas, y autosuficientes".

4. Con frecuencia las mujeres logran menos éxito en encontrar intereses y actividades fuera de la casa, que su contraparte masculina. El hombre común ama el deporte, y sigue con entusiasmo los partidos de fútbol que se transmiten por televisión. La mujer no. Al hombre le gusta ir a cazar y a pescar, y hacer grandes caminatas. La mujer se queda en casa y espera. El hombre juega a los bolos, al fútbol, al tenis, al básquet, y al softball. Entre tanto, la mujer bosteza en las graderías. Al hombre le encanta construir nuevas cosas, y meterse en el garaje a trabajar en el auto. La mujer se queda en la cocina lavando platos. El hombre se divierte en competencias de barcos y de automóviles, y en cualquier actividad mecánica. Las mujeres se aburren ante tales quehaceres que para ellas carecen de sentido. Obviamente, esto es una generalización, pues existen grandes excepciones, pero el hecho exacto, es que los hombres invierten ciertas cantidades de su tiempo en el desarrollo de algún tipo de actividades, en las cuales las mujeres encuentran difícil entusiasmarse. Sospecho que algunas influencias culturales de los años infantiles, crean en la mujer cierta pasividad. Y reducen así el campo de sus intereses. Por alguna razón el típico mundo femenino es menos amplio que el de los hombres. Para certificar esta afirmación, escuche las conversaciones de hombres y mujeres en la próxima reunión social a la que asista. La charla femenina se centrará en los niños, los cosméticos, y la conducta de los demás. Los hombres, en cambio, tocarán una gran variedad de temas. A base de lo dicho no debe extrañarnos que el aburrimiento surja como una causa importante de depresión entre las mujeres.

5. El cansancio y la vida muy apresurada, tratados en el capítulo anterior, contribuyen a incomunicar a las madres de niños pequeños. Simplemente, ellas carecen de tiempo

y de energía para abrir las puertas de su vida hacia el mundo exterior.

6. Las finanzas limitadas, y la economía inflacionaria, que abordaremos más adelante, restringen las actividades de las amas de casa.

Hay otros muchos factores que llevan a las mujeres a sentirse solas, aisladas y aburridas. Aunque vivan entre millones de personas se sentirán solas. Y cuánta tristeza ocasiona esa situación. Un escritor dijo: "Cada ser humano debe significar algo para otro ser humano". Estoy de acuerdo con él. También un compositor expresó esa idea en una canción que tituló: "No eres nadie si no tienes a alguien que te ame"... El doctor Williams Glasser, en su famoso libro "Terapia verdadera", explicó este mismo concepto sicológico. Dijo:

Necesitamos tener, en todas las circunstancias de la vida, al menos a una persona que nos ame y que nosotros podamos amar. Si carecemos de ese ser humano fundamental, jamás podremos satisfacer nuestras necesidades básicas. Obviamente, porque somos seres sociales y dependemos constantemente de otros para lograr la estabilidad emocional.

DIFERENCIAS EMOCIONALES ENTRE HOMBRES Y MUJERES

Desearía dejar un mensaje de suma importancia a cada esposo que ama y desea comprender a su mujer, en este espacio. En tanto que el hombre y la mujer poseen las mismas necesidades de sentirse apreciados por sí mismos así como también el sentido de pertenencia, por lo general lo expresan en forma diferente. El hombre obtiene su capacidad de autoestima fundamentalmente del prestigio que adquiera en su trabajo o profesión. Él deriva su satisfacción emocional del éxito que logre en los negocios; de su independencia económica, de la habilidad que demuestra en su especialidad, ya sea artística o financiera, y del respeto de sus subalternos en la esfera laboral. El hombre que alcanza el éxito en estos campos no precisa de su esposa como baluarte contra la inferioridad. Es verdad que ella desempeña una función muy importante como amante y compañera, pero no se vuelve indispensable para estimular la autoestima masculina en su vida diaria.

Por el contrario, una esposa considera su unión matrimonial desde una perspectiva completamente diferente. Ella no tiene acceso a otras fuentes para satisfacer su autoestima como, generalmente, las tiene su marido. Como ejemplo de ello diremos que una mujer puede preparar una cena deliciosa, pero a veces la familia se la come sin hacer comentarios y hasta se olvidan de darle las gracias por el interés que demostró al prepararla. Y así ocurre en el resto de sus deberes como ama de casa, que no le reportan el menor reconocimiento por parte de los demás. En una palabra, nadie solicita sus habilidades técnicas ni profesionales. Entonces se siente aislada, como ya hemos visto. El factor indispensable para colmar su necesidad de aprecio personal será su propio esposo, y la confianza y buen trato que él le dispense. El esposo debe ser esa "persona" de la cual habla el doctor Glasser. Si por el contrario no lo es, entonces ella se sentirá inútil para satisfacer sus necesidades básicas por otras vías, lo cual puede desembocar en un problema muy serio.

Vamos a sintetizar al máximo el asunto: El hombre logra su autoestima al sentirse respetado por los demás. La mujer se siente realizada como tal, cuando se siente amada. Quizás esta sea la diferencia más importante entre ambos sexos.

Al conocer esto, podemos comprender los enfoques tan particulares que hacen los hombres y las mujeres respecto al matrimonio. El hombre puede sentirse feliz con un matrimonio de tipo patriarcal. Será bueno aclarar que los privilegios sexuales están implícitos en este estilo de relación marital. En la medida que su esposa lo atienda con cuidadoso esmero en todos los sentidos y no lo moleste durante la temporada de campeonatos deportivos, el hombre se sentirá plenamente satisfecho. El romanticismo puede ser algo muy bello, pero para el hombre no resulta necesario. A pesar de ello, este estilo de relación marital muy pronto conducirá a la mujer a la más completa frustración. Ella necesita una relación que tenga un significado más profundo. Anhela ser alguien sumamente especial en el corazón de su esposo; espera ser respetada y admirada por él, así como ser amada con ternura por parte de su cónyuge. Ese es el motivo por el cual la mujer piensa con mucha frecuencia en su marido durante el día, y espera con ansiedad su regreso al hogar. Además, esto explica la razón de por qué el aniversario de bodas resulta tan importante para la mujer, y el motivo de sus quejas cuando él se le olvida esta fecha tan trascendental para ella. Así como también el motivo de que intente atraer su atención constantemete, cuando él se encuentra en la casa mirando la televisión o leyendo el periódico.

Basado en lo que hemos mencionado, no es difícil comprender por qué la ausencia de romanticismo en el matrimonio puede llegar a convertirse en una fuente de depresión para la mujer. Los hombres deben tener muy en cuenta este detalle, si desean que su relación matrimonial funcione satisfactoriamente.

Como ya dijimos al principio de este libro, las mujeres se sienten con frecuencia incapaces para comunicar a sus esposos sus verdaderas necesidades de afecto y romanticismo. Un hombre escuchó con mucha atención todo lo que le conté acerca de la frustración que sentía su esposa y que ella me había revelado en consulta. Tan pronto salió del consultorio fue directo a una florería y compró un ramo de hermosas flores. Después se presentó ante la puerta de su casa y tocó el timbre. Cuando la esposa abrió, él le entregó el ramo de flores y le dijo: "Toma las flores". Sintiendo que había cumplido de esta forma su deber conyugal, la dejó a un lado y se fue a ver la televisión. Por supuesto que su esposo no sintió la más leve emoción por aquel gesto.

Otro hombre me dijo: —No puedo comprender a mi mujer. Tiene todo lo que necesita tener, una lavadora de platos y una secadora nuevas. Vivimos en un barrio bueno, con excelentes vecinos. Yo no bebo ni le pego a mis hijos, ni maltrato al perro. Le he sido fiel desde el momento en que nos casamos. Pero ella se siente desdichada, y no puedo explicarme el porqué.

Lo que él no era capaz de comprender era que su infeliz esposa hubiera estado dispuesta a cambiar la lavadora, la secadora y hasta el perro por una auténtica expresión de ternura de su marido, que carecía absolutamente de una disposición romántica. Una actitud amorosa ayuda más a satisfacer la necesidad de autoestima en una mujer que todos los aparatos electrodomésticos que existen en el mercado.

En lugar de desarrollar unas buenas relaciones íntimas y conservar el romanticismo, algunos hombres parecen decididos a hacer lo contrario, y precisamente en público. ¿Ha presenciado usted el conocido jueguito de "Asesinar a la esposa", cuando un marido hace gala de provocar a su mujer con las críticas o burlas más insoportables? Una gran cantidad de parejas se dedican a este entretenimiento tan negativo y destructivo del respeto mutuo. El objetivo del juego es muy simple: castigar al cónyuge con cualquier respuesta que lo conduzca al ridículo y lo humille delante de las amistades. Si bien cuando se encuentran a solas las críticas pueden estar veladas, tan pronto se encuentran rodeados de amigos él la puede hacer picadillo. Y si quiere ser particularmente perverso, es capaz de hacerle creer a los espectadores que su esposa es estúpida y poco atractiva, precisamente los dos aspectos en los cuales la mujer se siente más afectada. De ese modo obtendrá un alto puntaje si logra destrozarla por medio de sus palabras.

¿Por qué algunos reflejan sus resentimientos de esta manera? La razón es que la hostilidad busca siempre una salida y mucha gente amargada siente que son incapaces de reprimir sus verdaderos sentimientos. ¡Qué desdichadas suelen ser estas parejas que se ofenden de tal forma en público! Porque en este juego brutal no existen los vencedores. La conclusión del juego llega cuando uno de los contrincantes queda completamente desprovisto de su propia estimación y de su dignidad personal.

Desearía con mucha frecuencia que hubiera un sistema aceptable por el cual los hombres y las mujeres lograran expresar sus sentimientos verdaderos en privado. Un golfista es capaz de jugar los dieciocho hoyos de un partido de golf, porque se siente más cómodo en el club que en su propia casa. Los hombres que practican cualquier clase de deporte, disminuyen de esa forma sus frustraciones y tensiones. Los jugadores de hockey profesional, descargan sus ansiedades quebrándole las extremidades a sus adversarios con los palos de jugar. Por desdicha ese no es un método conveniente para que la pareja desahogue su hostilidad. El matrimonio sólo puede enfrentarse abiertamente en la intimidad de su habitación. Después de pensar mucho sobre este problema, creo que tengo la solución aceptable para resolverlo. Quiero proponer que en cada hogar del futuro exista un equipo completo para jugar a los "carros chocados", idénticos a los que se encuentran en los parques de diversiones infantiles y de adultos. Si ocasionalmente usted ha observado a los conductores de tales vehículos, que chocan unos contra otros a cada momento, habrá visto con toda seguridad el brillo que hay en sus ojos y la actitud de ferocidad que tienen todos sus gestos. Gritan llenos de felicidad cuando chocan con otro que está desprevenido y logran sacar al auto de la pista. ¿No sería en verdad relajante para las parejas disfrutar de una sesión de "carros que chocan" —digamos de 5 a 6 de la tarde— por lo menos una hora diaria? Puedo imaginarlos al chocar unos contra otros, mientras se dicen mutuamente:

—Toma. ¡PUM! Te mereces este golpe por ser tan tacaño con el dinero.

—¡Ah! Ahora verás como te enseño a ser amable cuando regreses a casa.

Y lindezas por el estilo. Después de una sesión de choques semejantes, los dos conductores descenderán de sus carros relajados totalmente y dispuestos a compartir el resto de la tarde en armonía. ¿Piensa usted que ya estamos preparados para lidiar con nuestras tensiones de esa manera?

La solución que tiene cinco mil años de antigüedad

Es imposible sustituir la sabiduría de los mandamientos bíblicos referentes al matrimonio. El hombre ha sido designado por Dios para que sea la cabeza de la familia, y para asumir la responsabilidad de sostener el bienestar de su hogar. Ese designio es precisamente la base de una relación feliz entre los miembros de la familia humana. Y puede encontrarse expresado como mandamiento en textos muy antiguos, como los libros de Moisés que se remontan a 5.000 años atrás en la historia del pueblo de Israel.

Cuando alguno fuere recién casado, no saldrá a la guerra, ni en ninguna cosa se le ocupará; libre estará en su casa, para alegrar la mujer que tomó.

¡Imagínese qué derroche! El recién casado en aquel tiempo disponía de todo un año para ajustar su vida matrimonial, sin muchas responsabilidades ni deberes que lo distrajeran de su obligación de "alegrar a la mujer que tomó". (Debo confesar que me cuesta un poco de trabajo imaginar a que se dedicaría en sus horas libres después de las tres primeras semanas del casamiento). Aunque me parece muy bien la liberación de cualquier otra responsabilidad que no fuera la de atender adecuadamente a su mujercita.

Vamos a comparar el primer año del matrimonio de aquellos tiempos, con el de nuestros matrimonios en la actualidad. Mientras los primeros se dedicaban a regocijarse mutuamente, los actuales deben trabajar y estudiar juntos, así como enfrentarse a los cambios biológicos, físicos y emocionales del primer embarazo. Pero mi objetivo al citar el versículo bíblico anterior es para destacar su última parte: "Y el marido libre estará por un año para alegrar a la mujer que tomó".

Desde entonces la ley mosaica dejaba bien establecido que el bienestar emocional y físico de la mujer dependían de su marido. La mujer debe ser "alegrada" por su hombre, y en esto consiste básicamente la tarea del marido. ¡Estimado lector, este principio tiene plena validez en nuestros días! Este mensaje está dirigido especialmente a los hombres que tienen tal necesidad de satisfacer sus egos que emplean la mayoría de su tiempo en trabajar y obtener méritos, consumiéndose a sí mismos en los afanes constantes de aumentar el poder económico y el prestigio profesional que los convertiría en "triunfadores". Les puedo asegurar que si no le dedican tiempo a sus esposas y sus hijos, al final van a enfrentar serios problemas con ellos. El mensaje también está dirigido a los esposos que invierten su tiempo libre en su propio deleite personal. Algunos se dedican a salir de pesca todos los fines de semana; otros a pasar todas las horas frente al televisor o a jugar al golf o a practicar cualquier otro deporte. Cada una de estas actividades desempeña una función positiva para renovar la fatiga y el estrés, pero si la distracción personal excluye a los que necesitan de nosotros (esposas e hijos), entonces el asunto ha ido demasiado lejos y exige una rápida enmienda.

Derek Prince ha expresado este mismo punto de vista en un estilo más fuerte y directo. Él estima que los problemas que se están enfrentando en Norteamérica relacionados con la familia pueden ser rastreados hasta lo que él llama "hombres desertores". El verbo desertar significa huir, echar a un lado los deberes que nos corresponden. Y el hombre norteamericano está ignorando la responsabilidad que Dios le encomendó sobre el cuidado y el bienestar de la familia, la disciplina de los hijos, la supervisión de los gastos y sobre todo el liderazgo espiritual en todo lo que se refiere al amor, la protección y la atención a su esposa e hijos. Entonces, ¿tenemos que sorprendernos de que nuestras mujeres se sientan escasamente estimadas en sí mismas? ¿Nos asombrará que la soledad, la falta de comunicación y el hastío hayan alcanzado proporciones tan alarmantes? Esas fuentes de depresión son sustentadas por el deterioro que existe en la relación de compañerismo que debía primar entre esposos y esposas. Y nosotros, los hombres, nos hallamos con mayores probabilidades de contribuir a la solución de estos problemas.

¿Es que estoy sugiriéndole a los hombres que deben dominar y manipular a sus mujeres con puño de hierro y prohibirles que ejerzan su individualidad? Ciertamente que no. Reitero que la fórmula para alcanzar el éxito en esta empresa se encuentra exclusivamente en la Biblia, que es donde se origina el concepto de la familia. Dios, el creador de todo lo que existe, también puede ser capaz de hablarnos sobre cómo podemos vivir en armonía. Veamos lo que dice la Escritura en Efesios 5:28-33:

> *Así también los maridos deben amar a sus mujeres como a sus mismos cuerpos. El que ama a su mujer a sí mismo se ama.*
>
> *Porque nadie aborreció jamás su propia carne, sino que la sustenta y la cuida, como Cristo también a la iglesia, porque somos miembros de su cuerpo, de su carne y de sus huesos.*
>
> *Por esto, dejará el hombre a su padre y a su madre, y se unirá a su mujer, y los dos serán una sola carne.*
>
> *Grande es este misterio; mas yo os digo esto respecto de Cristo y de la iglesia.*
>
> *Por lo demás hermanos, cada uno de vosotros ame también a su mujer, como a sí mismo; y la mujer respete a su marido.*

No existe espacio para ninguna opresión masculina en estos mandamientos. Al hombre se le reconoce como el líder del amor dentro de la familia, pero él debe considerar los sentimientos de su esposa, y suplir sus necesidades. A su vez, la esposa debe someterse con profundo respeto y oración a un esposo tan amante. Si la familia norteamericana aplicara este solo mandamiento a su vida, tendríamos menos divorcios, menos juzgados que se ocuparan de esta cuestión y necesitaríamos menos autorizaciones para visitar a los niños que son dados en custodia a cualquier miembro de la pareja separada;

en fin, que tendríamos menos niños traumatizados, menos vidas destrozadas y menos problemas síquicos.

Déjenme aclarar que no estoy echando toda la culpa de los problemas matrimoniales sobre las espaldas de los hombres. Por cada mujer que se queja de los hombres también existe un hombre que protesta contra la actitud de algunas mujeres. Ciertamente he escuchado muchas confesiones sobre este tema. Es cierto que las mujeres pueden ser tan irresponsables y egoístas como los propios hombres. ¿No existen mujeres acaso que empujan a sus esposos a buscar a otras mujeres para pasar la noche? ¿Cuántos maridos regresan cada noche a su hogar para encontrarse una casa desordenada, sucia, llena de malos olores y a enfrentarse con una mujer regañona, descuidada y totalmente carente de atractivos en el orden personal? El rey Salomón debió ser muy suceptible ante esta situación cuando escribió lo siguiente:

Mejor es vivir en un rincón del terrado, que con una mujer rencillosa en una casa espaciosa.

Proverbios 21:9

Ningún sexo posee el monopolio de la mala conducta, pero para quienes aceptamos los designios divinos está bien claro que el hombre es el que debe tomar la iniciativa para resolver los problemas familiares. Esta responsabilidad está implícita en la posición que ocupa como líder reconocido por Dios. ¿Dónde debemos comenzar? Que los maridos traten a sus mujeres con la misma atención y dignidad que ellos tratan a sus propios cuerpos. "Amádolas como Cristo amó a la iglesia y dio su vida por ella". ¡Qué reto! Si esto significa dominio masculino, entonces le vendría muy bien a la humanidad aceptar ese dominio.

¿Pensaría usted que soy un ostentoso si me atreviera a compartir un ejemplo personal? Espero que el lector no lo piense y que no tome lo que sigue como una jactancia de mi parte.

Mi esposa Shirley y yo, hemos aplicado este mandamiento bíblico en nuestra vida matrimonial y hemos comprobado que es válido y verdadero. Puedo asegurarles que después de más de veinte años de matrimonio, todavía disfruto el placer de su compañía, al extremo de que si pudiese escoger a una persona para pasar una tarde libre, esa persona sería sin duda alguna Shirley. ¡Y a ella le ocurre lo mismo conmigo, lo cual es más notable! Pienso que una frase que podría definir esta situación sería esta: "Mi esposa y yo no sólo somos marido y mujer, sino en la misma medida, ¡somos grandes amigos! ¿Significa esto que siempre estamos de acuerdo en todo? Por supuesto que no. ¿Significa esto que seguimos flotando sobre la nube rosada de la ilusión como cuando éramos adolescentes? Mucho menos aún. O ¿quiere esto decir que hemos logrado vencer la irritabilidad y todo otro tipo de debilidad humana? En absoluto. Aunque sí debo revelarles que existe un área de dificultades en nuestras relaciones que exige ser superada pero que aún no he logrado llegar a un acuerdo con Shirley. Se trata de que ambos tenemos termostatos diferentes, a pesar de que somos una sola carne. Mi esposa tiene helado el cuerpo, al menos durante once meses al año, y se descongela en cierta medida en algunos momentos del verano. Cada año, próximo al 14 de agosto, la temperatura de Shirley se eleva por algo más de una hora y luego vuelve a congelarse. En tanto que yo experimento calor durante el año entero y vivo jadeando y anhelando un poco de brisa fresca en este ardiente clima de California, que es el lugar donde vivo. Estas diferencias de temperaturas corporales nos llega a veces a dramáticas luchas por el control de la calefacción en nuestra casa. Alguien ha dicho que el hogar del hombre es como su castillo, mientras yo digo que mi hogar es como un horno encendido. Como es obvio en nuestro caso, el éxito de nuestra relación no está basado en la perfección de ninguno de nosotros dos. Sencillamente, se debe a la preocupación que hemos sentido por nuestros respectivos sentimientos, necesidades e intereses, priorizados en una recíproca conducta. Se trata fundamentalmente de dar y no de exigir. O como lo dice la fórmula matrimonial: "En honor, prefiriéndoos el uno al otro". Y por extraño que parezca, esta actitud recíproca produce grandes dosis de estimación propia en los integrantes de la pareja.

Un profundo enfoque acerca de la realidad

Después de explicar las responsabilidades del hogar a los padres y esposos, me siento obligado a revisar algunas cuestiones espinosas que dejan anonadadas a algunas esposas cuyos esposos no le prestan mucha atención. Reconozco que sólo veinte por ciento de mis lectores pudiera ser masculino, pero tampoco puedo negar la preocupación de las mujeres cuyos maridos "deberían" ser pero que "no son" eso que deberían ser. ¿Qué actitud adoptará la mujer si en reiteradas ocasiones él ignora sus necesidades emocionales haciendo caso omiso de ellas? ¿Qué ocurrirá si él no asume el lugar de líder amoroso y guardián de su familia? ¿Cómo podrá una mujer habituarse al abandono emocional? ¿Cómo puede soportar ser "el plato de segunda mesa" en todas las prioridades de su marido? Estaría echando a un lado la ética profesional si escribo sobre la depresión femenina y no enfrento estos problemas de suma importancia en la vida de la mujer. Pero si mis investigaciones son correctas, puedo afirmar que muchas de las mismas mujeres han tratado de encontrar las respuestas a estas preguntas.

Vamos a hacer una breve pausa para analizar las opiniones de otros estudiosos, antes de decirles mis sugerencias al respecto. Vamos a suponer que una mujer solitaria, desanimada, visita la librería del lugar donde vive para buscar consejo de los expertos en los problemas femeninos, a través de las obras que se han escrito sobre esta cuestión. Piensa que leyendo alguno de estos libros encontrará ayuda a la apatía que la aqueja. De modo que buscará lo que más se ha vendido al respecto en la sección de "Matrimonio y familia" de la citada librería. Es probable que el primer libro que caiga en sus manos sea el que se titula: "Matrimonio abierto", ya que está considerado como uno de los libros más vendidos en la actualidad en Norteamérica es decir; que ha tenido una difusión extraordinaria. Si ella termina por comprarlo y lo lee, se enterará que un matrimonio no podrá funcionar bien, mientras la pareja reprima los deseos de hacer algunas cosas que ellos quisieran. Según la opinión de los autores de este libro, el motivo que obliga a una pareja a permanecer unidos es el hecho de saber que alguno de los dos se acostará próximamente con otra persona distinta. Imagínese usted a Carlos regresando a su casa a las seis de la mañana para desayunar y que su esposa le pregunte con quién ha pasado la noche. Sin duda alguna él le respondería:

—Vengo de hacer el amor con Julia, y estoy rendido de sueño.

Y ella le respondería muy compresiva: —Pues ve a descansar enseguida, para que después cuides a los niños, pues yo tengo una cita esta noche para acostarme con Luis. Un absurdo ridículo, ¿no es cierto? Ciertamente que sí.

Pero "Matrimonio abierto" ha vendido más de un millón de ejemplares entre lectores hambrientos de soluciones para sus tremendos problemas. Como si fuera poco lo que hemos mencionado, los autores de este libro tan desatinado han comenzado a ser considerados expertos en los temas relacionados con la armonía familiar.

Voy a compartirles lo que Judith Viorst pensó al terminar de leer "Matrimonio abierto". Ella escribió un artículo titulado: "¿El hecho de estar casada significa que me he anquilosado?"

¿Cuál es la razón por la que un hombre aunque esté casado no pueda tener relaciones sexuales con otra mujer? ¿Por qué no puede una mujer casada salir de vez en cuando con algún hombre que le resulte simpático? ¿Qué puede impedirle a un hombre tener amantes después del matrimonio? Y una mujer casada, ¿por qué no puede tener amiguitos también para variar?

Pienso que quizás hallaría una respuesta para estas preguntas, o tal vez lo único que lograría sería ensuciarme la mente. Quién sabe si podría

obtener afirmaciones que respaldaran un enfoque muy amplio sobre este asunto, que aparece en el libro "Matrimonio abierto", de Nena y George O'-Neill.

Jorge: "Si mi mujer sale esta noche con algún amigo quiero que lo pase muy bien. De esa forma cuando regrese a mi lado compartirá esa experiencia conmigo y mi vida también será enriquecida".

Puedo imaginarme también esta escena: "Levántate, Carlos, perdóname por llegar un poco tarde pero ya sabes lo fantástico que es Antonio. Deja que conozcas la increíble historia que me contó. Estoy segura que te enriquecerá mucho".

Otro feliz esposo les dijo a los O'Neil: "Es una experiencia indescriptible ir caminando por la calle y, respentinamente, encontrarnos con alguien, ya sea hombre o mujer, que nos estimule lo suficiente para desear conocerlo más profundamente, y que lo pueda hacer sin sentirme culpable. Así que iremos a tomar a una barra y aprovecharé la espontaneidad del momento para llegar hasta las últimas consecuencias de mi legítimo deseo. Y lo mejor de todo es que al regresar a casa, no tendré que dar cuenta de mis actos a nadie, mucho menos a mi esposa".

Bueno, ese hombre tiene suerte por no estar casado con una mujer como yo, pues si así fuera entonces sí tendría que darle cuenta de sus actos a su esposa y atenerse a las consecuencias de "aprovechar la espontaneidad del momento".

En cuanto a mi caso particular, los O'Neill van a señalarme que mi "matrinio cerrado" me pronostica una vida matrimonial infeliz. Estoy segura que me dirían: "El pasto que está en el patio del vecino es mucho más sabroso, pero sólo cuando se ha levantado la cerca que señala los dos lados del terreno".

"Entonces tendremos que buscar la tentación", les respondería yo.[1]

Sobre el mismo anaquel de la librería y muy próximo a "Matrimonio abierto" hay otro libro que ha sido vendido con un éxito similar al primero, que se titula "Divorcio creativo". La atribulada señora que anda buscando consejos para su falta de ánimo podrá encontrar en este libro la forma de decirle ¡adiós! a su matrimonio, en forma definitiva. Debido a que el susodicho libro plantea ideas tan innovadoras como las siguientes: "El divorcio no es el final de todo. Decídase y dígale adiós a este problema. Eso significará abrirle paso a nuevas formas de ver el mundo y relacionarse con los demás. ¡El divorcio puede ser la cosa mejor que se le ocurra a usted!" ¿Qué piensa usted de este enfoque tan "original" acerca de la vida familiar? Abandone de una vez por todas su aburrida existencia en el hogar y váyase al mundo a buscar nuevas formas de deleites y placeres. Si la esposa desconcertada lee estos consejos irreponsables, en medio de una crisis depresiva, ella podría ponerle punto final a su vida matrimonial ya agonizante.

Todos los médicos sabemos como matar a un paciente, lo más difícil es curarlo. Pero "Divorcio creativo" le aconseja al paciente que ignore cualquier otro medicamento que pudiera salvarlo, restaurando la salud y la vitalidad de la vida familiar. Lo único que me gustaría conocer es el número de matrimonios que este libro ha logrado destruir.

En la actualidad, el torrente de consejos irreponsables —por no decir detestables—, para los problemas familiares, es inagotable.

Si existe alguna idea atrevida y anticristiana, estoy seguro que alguien especializado con la correspondiente credencial que lo respalde, ya la ha puesto a circular en alguna ocasión durante los útimos años. Esa clase de "ideas" obtiene rápidamente adeptos debido a la gran bancarrota moral y a la confusión espiritual que envuelve a nuestra sociedad. Ya hemos escuchado a la doctora Margaret Mead, la renombrada

83

antropóloga, defender el "Matrimonio a prueba" entre los jóvenes. También se no ha instado a la práctica de los matrimonios colectivos, para compartir nuestra pareja y cohabitar en grupos. Además, en el caso de la música, esta refleja la falta de orientación que existe en la búsqueda de una relación estable y vigorosa entre hombres y mujeres. Una de las opiniones que están más en boga en la actualidad es la de que el amor romántico sólo puede sobrevivir en ausencia de un compromiso rutinario. El compositor y cantante Glen Campbell expresa esta idea en una canción que se titula "La tranquilidad de mi mente". Dice la canción: "Él comprendía que no era una simple firma seca sobre el certificado de matrimonio lo que lo obligaría a permanecer en el hogar. Ya podría irse a donde quisiera sin que ella lo persiguiera después. Se sentía en plena libertad para abandonarla". ¡Qué planteamientos más egoístas se revelan en la letra de esa canción! ¡Qué concepto más falso el de pensar que pueda existir una mujer que permita que su marido vaya y venga, sin sentir sentimientos de pérdida, de rechazo o de abandono. Y qué ignorancia de lo que es capaz de hacer el amor unido al sexo al convertir a dos seres de sexo opuesto en una "sola carne". Y que esa unidad se desgarra y destruye en el mismo momento de la separación. Por supuesto, los hermanos Campbell no cantan ninguna canción que hable de esos niños que pueden haber venido al mundo como consecuencia de la pasión de sus padres. Esos pequeños que se pasarán toda una vida esperando que su padre venga a visitarlos, aunque sólo sea una vez. Que necesitarán el sostén económico de su padre y que deambularán por las calles haciendo ¡váyase a ver qué cosas para poder sobrevivir! ¿Puede usted imaginarse a una madre con su hijito sentada junto a la puerta de su casa despidiéndose de su esposo, mientras le dice: "Vete feliz y regresa cuando quieras, esposo mío?" Sin tomar muy en cuenta la estupidez de la canción mencionada, debemos informar que la canción alcanzó un record de ventas increíble, entre personas que sin pensar mucho, la han adquirido, pensando quizás que el amor sin compromiso es una alternativa posible para sustituir el matrimonio.

También es cierto, que es muy fácil creer en soluciones irresponsables y destructivas para problemas realmente complejos. Estas soluciones siempre son más fáciles de asimilar que las que buscan seriamente proveer una salida del conflicto para siempre. Debo admitir que no poseo la solución para cada uno de los problemas que se presentan en la vida matrimonial. Y mucho menos que tengo una fórmula mágica para convertir a un hombre apático e irresponsable en un esposo cariñoso, responsable y romántico.

Pero, a cambio, puedo ofrecer algunas sugerencias nacidas en mi experiencia como consejero, que han resultado muy útiles a muchas personas.

Primero, una mujer que desee sentir el fuego del romanticismo nuevamente en su esposo, debe ingeniárselas para estimular en su esposo, las mismas necesidades que ella experimenta. Ya he tratado de explicar la naturaleza masculina cuyas necesidades emocionales son muy diferentes a las de sus esposas. Debido a ello, les resulta muy difícil comprender los deseos y necesidades femeninos. Para darle solución a esta incomprensión existente entre ambos sexos, algunas mujeres recurren al sermoneo, a la exigencia, a las quejas y súplicas y hasta posiblemente al llanto y las amenazas. A veces, los hombres cuando regresan de sus trabajos tienen que enfrentarse a expresiones como estas: "Manolo, por favor, deja el periódico un momento y ven a ayudarme cinco minutos aunque sea. ¿Es mucho pedirte que me ayudes cinco minutos? Me preocupa mucho que no te intereses por mis sentimientos. ¿Desde cuándo hace que no me llevas a cenar fuera de casa? Aunque si llegárabamos a salir serías capaz de llevarte el periódico a la cena. Tengo que decirte muy seriamente que no te ocupas para nada de mí, ni de los niños. El día que muestres un poco de interés y cariño hacia mí me voy caer muerta por la sopresa...", etcétera, etcétera, etcétera.

Espero que con este botón de muestra mis lectoras comprendan que esta clase de retórica verbal es incapaz de enseñar nada positivo a sus esposos, después de un día agotador de trabajo. Esto es igual que ponerle a Manolo una maquinita de triturar detrás del oído y echarla andar, lo único que conseguirá con ello es que se levante de su asiento y salga de la casa para no escucharla. El "sermoneo" y las quejas sólo sirven para obstaculizar la comunicación de la pareja, de una manera sorprendente. Por el contrario, la forma positiva de establecer la comunicación se basa en tres puntos básico: elegir el momento adecuado para hablar de nuestras necesidades; buscar el lugar más idóneo para hacerlo, y expresar nuestros problemas en una forma correcta.

1. *El momento adecuado.* Elija un momento en que su esposo esté relajado y tranquilo después de haber pasado un buen rato. Tal vez, después de una cena con su menú favorito, o cuando haya recibido una noticia que lo haya complacido, o quizás cuando se apaguen las luces por la noche, o cuando se levante fresco en la mañana. El peor momento para plantear cualquier asunto a su esposo son los primeros diez minutos después de su regreso a la casa cuando salió del trabajo. Y, precisamente, esa es la hora más propicia para las discusiones familiares. No mencione ningún asunto difícil a su esposo, a no ser que tenga previamente definido el objetivo que persigue. De ese modo, podrá aprovechar cada momento adecuado que disponga para alcanzar el éxito que espera.

2. *El ambiente apropiado.* El ambiente más propicio para pedirle a su esposo que se ocupe un poco más de usted y de los niños es realizando un paseo nocturno, o durante un viaje de fin de semana, en un lugar acogedor y tranquilo. Si la falta de dinero no permite ese tipo de recreación, trate de hacer ahorros disminuyendo otros gastos de la casa, o recurra a cualquier otro tipo de recursos. Pero si es demasiado difícil hallar un ambiente adecuado a sus propósitos la mejor opción será buscar a alguna persona que cuide a los niños una noche, mientras usted sale a cenar sola con su esposo. Si esa vía tampoco es factible escoja un momento en que los niños

estén inmersos en una actividad que les guste mucho, y asegúrese de que el teléfono no suene mientras dure su conversación. De cualquier modo, lo ideal sería alejarse lo más posible de la rutina hogareña para hacer ciertos tipos de planteamientos tan importantes para usted. De ese modo le será más fácil lograr esa comunicación que tanto necesita.

3. *La expresión correcta.* Es muy importante que su esposo no sospeche lo que usted se trae entre manos. Sus palabras nunca deben evidenciar un ataque personal contra él. Deben estar revestidas de tacto y dichas en un tono suave. Los seres humanos estamos equipados con toda clase de defensas personales que enseguida entran en estado de alerta tan pronto nos sentimos amenazados. No ponga en alerta los mecanismos defensivos de su esposo. Al contrario, encare el problema de modo simpático, amoroso y comprensivo todo cuanto sea posible. Hágale conocer que usted también se interesa por sus problemas y necesidades y no solamente criticar sus fallas y defectos. Tenga en cuenta además, el estado emocional de su esposo. Si él se ve agotado por el trabajo o revela que no se siente bien por eventos difíciles o circunstancias adversas por las que ha pasado recientemente, entonces posponga la conversación. Y cuando vuelvan a conjugarse el momento apropiado, el ambiente adecuado y la disposición a una conversación comprensiva entonces propicie la comunicación efectiva con su esposo. Vuelva a leer la primera parte de este libro y prepárese muy bien para ese encuentro.

Es cierto que una sola conversación entre ustedes no bastará para lograr un cambio de actitud y de conducta permanentemente. La mujer que anhela ser comprendida por su marido constantemente le estará enseñando sobre sus deseos y necesidades emocionales, a la vez que se interesa sinceramente por conocer los de él.

¿Significa esto que estoy sugiriendo que la mujer debe andar arrastrándose por el suelo, como un perrito faldero suplicando que le acaricien las orejas? Ciertamente que no. Por el contrario, mantener un toque de dignidad personal en su actitud y un sentido de estimación hacia sí misma será sumamente importante a través de toda la relación matrimonial. Esto nos lleva hacia un detalle muy significativo que exige ser bien enfatizado. A través de mi experiencia como consejero, he observado que muchos matrimonios fracasan al no reconocer una característica que es común a la naturaleza humana: *Valoramos a aquello que deseamos obtener, y subestimamos a lo que ya poseemos. Codiciamos lo que está fuera de nuestras posibilidades y echamos a un lado el mismo objeto, cuando ya nos pertenece permanentemente.* Ningún juguete es tan deseable para el niño como ese que ve en la vidriera, mientras no le pertenece por entero. Es difícil que el auto acabado de comprar le proporcione más felicidad a su dueño después de tenerlo, que en el momento que lo vio por primera vez, como un sueño —anticipando toda la dicha de poseerlo—, hasta el momento en que pagó por él el derecho a ser su dueño. Este principio del deseo y su realización se muestra más claramente en el amor romántico, especialmente en lo refente al sexo masculino. Veamos el caso extremo de un don Juan, prototipo del amante perpetuo, que va de una mujer a otra como un picaflor vuela de flor en flor. Su corazón late de prisa lleno de pasión ante una mujer esquiva, que rechaza su seducción, como la princesita del cuento que escapa dejando su zapatico de cristal en su huída apresurada.

El don Juan seductor la perseguirá hasta la última gota de su energía conquistadora en su intento de capturarla. No obstante, la intensidad de su pasión estará en dependencia de la imposibilidad de obtener su presa. En el mismo instante que logre materializar sus sueños empezará a declinar su entusiasmo, que poco tiempo después volverá a sentirse inflamado ante la presencia de una nueva princesa que estará dispuesto a no dejar escapar como lo hizo anteriormente con su antiguo ideal de conquista.

Debo aclarar que no puedo incluir ni siquiera a la mayoría de los hombres en esta categoría de don Juan. Tampoco los puedo definir como picaflores explotadores e inestables. Pero no hay duda que en un grado bastante menor, todos sufrimos del mismo mal, tanto hombres como mujeres. He visto con mucha frecuencia, como en una relación que estaba apagaba completamente por el aburrimiento, surge de nuevo la chispa del interés cuando un tercer elemento logra conquistar a uno de los miembros de la pareja, y esta termina rompiendo la relación antigua. Qué manera de inflamarse entonces "el aburrido" al sentirse abandonado. Una oleada de amor romántico lo invade y desea reconquistar a toda costa a la pareja que hasta solo unos días antes lo hacía bostezar de soledad y aburrimiento.

Este mismo principio me acaba de afectar hace un instante, ya que me encuentro escribiendo estas palabras en la sala de espera de un gran hospital donde mi esposa se encuentra sometida a una cirugía abdominal, y me siento preso en las redes de la tensión y la ansiedad. A pesar de que hemos estado muy unidos durante todos estos años, el amor y el afecto que siento por mi esposa ha llegado al máximo en estos momentos. Un cirujano salió del salón de operaciones con el ceño fruncido hace menos de cinco minutos, para informarle a un hombre que estaba sentado cerca de mí que su esposa está minada de cáncer. Le habló muy claramente sobre los resultados del análisis patológico que confirmó la enfermedad de su esposa.

Yo tendré que esperar durante una hora más por el cirujano que opera a Shirley, y en este momento me siento muy vulnerable. A pesar de que mi amor por ella no declinó durante tantos años de matrimonio, nunca ha sido tan intenso como en este momento que nos sentimos amenazados por la enfermedad. De este modo, lector, podrá darse cuenta que nuestras emociones no sólo son afectadas por el reto de lograr alguna meta, sino también ante la posibilidad de la pérdida irrevocable. (El cirujano que atiende a mi esposa llegó cuando terminé la frase de arriba. Me informó que mi esposa ha resistido satisfactoriamente la operación y que el examen patológico no reveló ningún tejido anormal. ¡Vuelvo de nuevo a sentirme un hombre feliz! Aunque siento una profunda simpatía por esa familia menos afortunada de cuya tragedia acabo de ser testigo.)

Un ejemplo aún mejor de lo variable que son nuestras emociones, lo encontramos en mi primera relación con Shirley. Cuando nos conocimos, ella estudiaba en la secundaria aunque yo estaba un poco más adelantado en los estudios. Yo me sentía como un gran hombre en la universidad y no consideraba muy importante el noviazgo con esa adolescente de secundaria. A pesar de que ella había obtenido éxitos entre los muchachos, se mostraba muy impactada con la independencia que descubría en mí. Me deseó con mucha intensidad porque no estaba muy segura de conquistarme. Pero su enorme interés consiguió apagar el mío. Después de la graduación, tuvimos una de esas conversaciones que siempre recuerdan todos los novios del mundo. En esa ocasión, le pedí que compartiera su tiempo con otros jóvenes que sentían admiración por ella, mientras yo iba al servicio militar, debido a que personalmente no tenía pensado casarme por el momento. Jamás olvidaré su reacción después de aquello. Pensé que ella me gritaría y que sobre todo, iba a tratar de retenerme a su lado. Pero, para mi mayor sorpresa me contestó:

—Me alegro que hayas pensado lo mismo que yo, y me encanta la idea de conocer a otros muchachos, porque no sé en que parará nuestra relación, ahora que debemos separarnos.

Confieso que la respuesta de Shirley me desarmó, pues durante todo esa primera etapa de nuestra relación fue ella la que me buscó. Lo que yo no pude saber entonces es que después que nos despedimos y Shirley cerró la puerta con mucha calma, se pasó toda la noche llorando.

Yo me fui al ejército a cumplir mi deber, y más tarde regresé a la Universidad de California, a continuar mis estudios. En ese tiempo, Shirley se había transformado en una hermosa mujer, y en una estudiante muy conocida. Era la reina y presidenta de su clase, y aparecía en el catálogo de "Quién es quién en las universidades norteamericanas". Sin duda alguna, era una las muchachas más populares de la Universidad.

Repentinamente, como era de esperarse, comenzó a tener mucho atractivo para mí. La empecé a llamar varias veces al día, averigüé con quién compartía su tiempo libre y traté de agradarle en todas las formas posibles.

A pesar de ello, a partir del momento en que Shirley se dio cuenta de mi gran interés por ella, su afecto por mí comenzó a disminuir. Se había desvanecido el atractivo con que yo la había impactado dos años antes. Ahora era yo el que tocaba a su puerta y suplicaba sus favores.

Cierto día, después de un incidente desagradable, tuve que sentarme en el escritorio a analizar la situación en que me encontraba respecto a ella. Durante esa introspección que duró dos horas me di cuenta del grave error que estaba cometiendo. Mi mente se iluminó y comencé a escribir diez cambios que tenía necesidad de hacer en nuestra relación, a partir de ese mismo momento. El primero era que siempre debía mantener mi dignidad personal y respeto a mí mismo, aunque llegara a perder a la mujer que tanto amaba. El segundo cambio era la decisión de trasmitir una actitud específica en cada momento que tuviera la oportunidad de hacerlo: "Estoy marchando hacia adelante en la vida, y espero llegar a alguna parte. Te amo y me gustaría que eligieras acompañarme en esta aventura. Si lo haces me entregaré a ti de un modo absoluto y trataré de hacerte feliz por todos los medios que estén a mi alcance. Sin enbargo, si no deseas acompañarme, no voy a obligarte a hacerlo. Tienes que tomar una decisión y estoy dispuesto a aceptarla, sea la que sea". Existían otros elementos que integraban mi nueva estrategia, pero todos estaban en función de mostrar una actitud de confianza propia e independencia personal.

La primera noche que le comuniqué a la que hoy es mi esposa esta nueva fórmula constituyó una de las experiencias más notables de mi vida. Ese día, Shirley me había sentido ensimismado en mis pensamientos toda la tarde y su reacción fue de alarma. Estábamos andando en mi auto, sin que ninguno de los dos hablara, hasta que ella me pidió que me detuviera a un lado del camino. Cuando lo hice, me colocó sus manos alrededor de cuello y exclamó:

—Tengo miedo, James. Siento que te estás alejando de mí, y no me explico por qué. ¿Me amas, realmente?

Bajo la luz de la luna vi que sus ojos estaban empañados de lágrimas. Obviamente, ella no podía escuchar los latidos de mi corazón cuando le transmití lo que había escrito sobre la aventura que me disponía a iniciar en mi vida. ¿Comprende usted? Yo me había convertido nuevamente en un reto para Shirley, y ella respondió de una manera muy bella.

Esta fuerza psicológica que impulsa nuestras idas y regresos en la relación con los demás, se halla como una cualidad común en toda naturaleza humana. Excúseme la reiteración, pero deseo enfatizarla: *Deseamos vehementemente lo que no podemos lograr, pero no le damos importancia a lo que ya poseemos.*

En los asuntos del corazón, este axioma es fundamental. Otra característica que debemos apreciar también, es que el matrimonio no elimina ni transforma esta verdad. Cada vez que una mujer confiesa a su marido el temor que siente de que él la abandone, aumentará el sentimiento de falta de estimación de ella. En general, cuando suplica un gesto de cariño de la persona que tanto ama y necesita, recibe una respuesta desdeñosa. A semejanza de lo que ocurre durante el noviazgo, no hay nada que apague más la pasión que el hecho de que un integrante de la pareja busque el apoyo total del otro, al extremo de perder el respeto en sí mismo. Es como si le dijera: "No me importa que me trates mal. Yo estaré siempre a tus pies, porque no podría vivir sin ti". Esa es la forma mejor que conozca de destruir un bello romance.

¿Estoy recomendando entonces que marido y mujer se hagan daño recíprocamente como una manera de mostrar su independencia individual? Por supuesto que no. ¿Acaso sería jugar un poco "al gato y al ratón" para mantener el interés mutuo? De ninguna manera. Lo único que sugiero, sencillamente, es que en el matrimonio es muy necesario mantener el respeto propio y la dignidad personal. Vamos a ver un ejemplo de ello.

Vamos a suponer que un esposo comienza a dar señales de desinterés por su mujer. Digamos que su vida sexual casi no existe, y que toda la emoción que debe acompañarla se ha convertido en un recuerdo lejano en vez de ser una presencia real. (La pasión declina en la pareja de un modo lenta y paulatinamente, nunca en una forma brusca). Si la relación entre ambos esposos ha descendido a un nivel muy bajo, entonces el marido trata a la mujer con rudeza, y la menosprecia aún en presencia de otras personas. Al llegar a la casa, después, interpone una barrera de silencio entre él y ella. Estos son los síntomas de una situación a la que yo he denominado "el síndrome del marido atrapado". Con mucha frecuencia el marido se encuentra atormentado por pensamientos como los que siguen: "Tengo 35 años, ya no soy tan joven. ¿Y voy a tener que pasarme el resto de la vida junto a esta mujer que ya no me interesa? Me siento aburrido a su lado todo el tiempo y existen muchas otras cosas que me interesan más. Pero no puedo abandonarla sencillamente argumentando que otras mujeres me estimulan más". Estos son los pensamientos que por lo general se anticipan a una infidelidad oculta. Y pueden manifestarse en la tirantez existente entre los cónyuges.

¿En qué forma puede actuar una mujer que se da cuenta de esta situación y comprende que su marido se siente "preso"? Evidentemente lo peor que se le podría ocurrir sería estrechar el cerco alrededor de él. A pesar de que esta sea su primera reacción. Ella piensa todo lo que significa su marido para su vida, y que su existencia perdería todo sentido sin el apoyo y la compañía de su esposo si éste la abandona por otra mujer. Su angustia y ansiedad pueden conducirla a querer retenerlo por todos los medios posibles, pero sus ruegos y lágrimas sólo conseguirían que él la subestimara más y que la relación matrimonial se destruyera con más rapidez. He comprobado, como consejero matrimonial, que existe una solución mejor que las súplicas y las lágrimas. Lo más efectivo para atraer a un cónyuge que se está alejando de su pareja se halla en no darle mucha importancia a su actitud. En lugar de preguntarle: "¿Qué está ocurriendo? ¿Por qué me tratas así? ¿Por qué no me dedicas un poco más de tiempo? ¿Por qué no me hablas?" Y otras cosas por el estilo, la esposa debería intentar atraer la atención del marido hacia ella misma. Cuando se cruzan por la casa, y ella lo pueda tocar o decirle algo, pasar simplemente sin darle importancia. En respuesta al silencio del marido ella lo hará con su propio silencio. Pero su actitud no debe ser agresiva ni de hostilidad y mucho menos de estar lista para explotar cuando él le pregunte por lo que ella está pasando, sino que responderá en el mejor ánimo, con confianza, independencia y misterio. El objetivo de esta conducta es abrir la puerta de la trampa donde el marido se siente atrapado. En vez de colgarse al cuello de su marido como una sanguijuela, ella suelta la "presa" pero lanza un desafío a la mente de él. El marido empezará a cuestionarse las ventajas de separarse de ella y tendrá la sensación de que va a perder algo que podría lamentar después. Si no reacciona ante la "aparente indiferencia" de ella, significará que ya esa relación está definitivamente congelada y por ende, muerta.

Lo que estoy tratando de comunicar es una situación muy difícil de expresar por escrito. Estoy seguro de que alguno de mis lectores puede interpretarla de una forma equivocada. En ningún momento he sugerido que la mujer se deje dominar por la ira, ni que se plante y exija sus derechos, o que se pongan malhumorada y se encierre en absoluto silencio. Les ruego que, por favor, no me relacionen con esas tendencias actuales que están movilizando a las tropas femeninas para que desaten una guerra contra el sexo opuesto. Porque nada resulta tan poco atractivo para mí, como ver a una mujer encolerizada tratando de conservar a su marido a cualquier costo. ¡No! Ni la ira ni la agresión deben ser la respuesta de la mujer en esta situación, sino el silencio y la calma que emanan del respeto por uno mismo.

En síntesis, en todas las circunstancias que se presenten, la dignidad personal en el matrimonio debe ser mantenida de la misma manera que lo fue durante el noviazgo de la pareja. La actitud verdaderamente correcta será: "Te amo y estoy comprometida contigo. Pero sólo tengo el control de una parte de nuestra relación y no puedo forzarte a que me ames. Cuando nos casamos tú llegaste a mí como una persona independiente. Para mantener nuestro amor es necesaria la libertad. Si desearas alejarte de mí, me voy a sentir destrozada y voy a sufrir mucho. Pero de ninguna manera voy a tratar de retenerte a la fueza. Te voy a dejar ir y finalmente lograré sobreponerme a esta situación y saldré adelante. Si al principio no te pude obligar a que me amaras, lo único que puedo hacer ahora es pedirte que lo hagas".

Respecto a la recomendación que hice a las mujeres de que enseñen a sus maridos en donde radican sus verdaderas necesidades, esto sólo puede lograrse en un ambiente de respeto propio como ya hemos señalado, pues es la única manera efectiva de hacerlo.

El significado del amor

Me interesa mucho el hecho de darme cuenta que la gente joven está creciendo con un concepto distorsionado acerca del amor romántico. Existen algunas ideas que confunden el amor verdadero con la pasión, e idealizan tanto el matrimonio que lo llevan a extremos que no son reales. Para ayudar a resolver tal situación he preparado un cuestionario que puede ser usado para enseñar a los jóvenes. Me ha sorprendido que muchos adultos al llenar este cuestionario no alcanzar mayor puntuación que la mayoría de los jóvenes. Si alguien desea comprobar su propia consideración de lo que es el amor romántico, incluyo a continuación el cuestionario.

Creencias acerca del amor: un examen personal
Marque con un círculo la respuesta correcta.

1. Considero que el amor "a primera vista" puede suceder solamente entre cierto tipo de personas. Falso - Verdadero

2. Creo que no es difícil identificar el amor verdadero de la pasión. Falso - Verdadero

3. Creo que la pareja que verdaderamente se ama, no discute ni se pelean entre ellos. Falso - Verdadero

4. Considero que Dios escoge una persona específicamente para que uno se case con ella, y guía sus pasos para que este propósito se realice. Falso - Verdadero

5. Creo que los problemas y dificultades no van a afectar a una pareja que se ame sinceramente. Falso - Verdadero

6. Creo que es mucho mejor casarse, aunque no sea con la persona adecuada, antes que permanecer soltera y sola toda la vida. Falso - Verdadero

7. No creo que realizar el acto sexual antes del matrimonio sea nocivo para la pareja, siempre y cuando se mantenga una buena relación. Falso - Verdadero

8. Creo que si una pareja está realmente enamorada permanecerá en esa condición el resto de su vida. Falso - Verdadero

9. Considero que los noviazgos cortos son más efectivos que los largos. Falso - Verdadero

10. Creo que el amor genuino es más factible de ser experimentado por los adolescentes que por los adultos. Falso - Verdadero

Es cierto que pueden presentarse algunas diferencias de opinión al responder las preguntas de este cuestionario, pero sí estoy completamente seguro de cuáles son las respuestas correctas. Sin ninguna duda, creo que la mayoría de los problemas que enfrentan los matrimonios tienen su origen en la incomprensión de estos diez temas planteados. La confusión comienza cuando un joven conoce a una muchacha y el universo entero parece estar en una explosión romántica. En medio del humo, de las llamas, el resplandor y el trueno nos encontramos a dos adolescentes que se sumergen en la aventura del amor. El enamoramiento logra que la adrenalina y sesenta y cuatro hormonas más, sean enviadas al torrente cardiovascular y que cada fibra nerviosa se cargue con 110 voltios de electricidad. Todos estos componentes ascienden por la médula espinal y llevan al cerebro un mensaje excitante: "Esto es lo que yo andaba buscando. Por fin encontré mi verdad. Este es mi ser humano perfecto. ¡Qué viva el amor!"

Esto es lo más maravilloso que podía ocurrirles, piensa nuestra joven pareja. Y desearían estar juntos las 24 horas del día; caminar bajo la lluvia o sentarse cerca del fuego, abrazarse, mimarse, besarse y hasta morderse. Se dan cuenta que experimentan los mismos deseos y sensaciones y no pasa mucho tiempo en que no comiencen a hablar de matrimonio. Acuerdan una fecha, reservan el templo, hablan con el ministro religioso y ordenan las flores. Después de estos preliminares llega la gran noche, entre las lágrimas de las madres y las abuelas, las sonrisas de los padres y la envidia de los amigos, y los niños pequeños que van lanzando flores al paso del cortejo nupcial. Las velas del templo están encendidas y un solista del coro o un familiar de los novios entona una bella canción. La pareja formula los votos matrimonales, se intercambian los anillos entre dedos temblorosos, y el pastor invita al novio a besar a su flamante esposa, y luego salen por el pasillo, mientras los "flashes" de los fotógrafos destellan una y otra vez. La pareja se dirige al salón donde va a celebrarse la fiesta, y los invitados expresan sus buenos deseos a los nuevos cónyuges. La esposa recibe muchos besos y el esposo ve muchos ojos que le hacen un guiño de picardía. Por último, se corta la torta y se comen las golosinas mientras la cámara del fotógrafo no pierde un detalle de aquel acontecimiento irrepetible en la vida de los recién casados. Por último, los flamantes esposos salen del salón bajo una lluvia de papelitos y de arroz para comenzar, llenos de entusiasmo, su luna de miel. De esta forma, el hermoso sueño se mantendrá en alto, durante esos días robados a la vida real.

La primera noche de luna de miel en el hotel, no sólo resulta menos excitante de lo que se habían imaginado, sino que hasta suele convertirse en un drama tragicómico. Ella se siente tensa y cansada mientras él se muestra con una "falsa" autoconfianza. De este modo la pareja se enfrentan con la iniciación sexual bajo el temor de un posible fracaso. Sus amplias expectaciones acerca de lo que serán sus relaciones sexuales pueden ser trastornadas por el temor, la decepción o la frustración. Muchos seres humanos padecen de un deseo neurótico de sentirse competentes en la relación sexual y echan la culpa de sus fracasos en lograr la plenitud de sus expectativas al otro miembro de la pareja. De aquí comienzan a aparecer notas discordantes de amargura y resentimiento en su relación.

Al día siguiente de esa primera noche, a las tres de la tarde, él se detiene a pensar un momento sobre el asunto en cuestión: "¿Me habré equivocado al casarme?" El silencio de él aumenta la ansiedad de ella. Y la semilla de la desilusión empieza a desarrollarse. En ese momento, cada uno de ellos tiene tiempo de pensar sobre las consecuencias de su nueva situación y ambos se sienten atrapados dentro de la misma.

Entonces surge la aprimera desavenencia por una tontería: "No están de acuerdo en la cantidad de dinero que pueden gastar en la cena de su tercera noche de luna de miel". Ella desea ir a un lugar romántico que tenga un ambiente apropiado. Él prefiere ir a cenar al restaurante más económico de la ciudad. La llama de la desarmonía se eleva sólo unos minutos, pero rápidamente es sofocada en medio de mutuas disculpas, pero ya el antiguo sueño de maravillas en común ha sido afectado por un elemento mordaz e incisivo. Y a partir de entonces, aprenderán a hacerse daño mutuamente de modo más efectivo.

No obstante, realizan su viaje de bodas en seis días y finalmente regresan para instalarse en su nuevo hogar para comenzar una vida juntos. A partir de entonces, el mundo empieza a desintegrarse y se va haciendo pedazos ante la pareja recién casada. La siguiente desavenencia es más acalorada y amarga que la primera. Él se va de la casa durante dos horas, y ella llama por teléfono a su mamá. Durante el primer año de matrimonio la pareja va a enfrentarse en una lucha constante de voluntades que cada uno intentará imponerse el uno al otro. En medio de esta batalla campal, ella sale de la consulta del ginecólogo con unas palabras resonándole en los oídos: "Señora Rodríguez, tengo una buena noticia para usted: está embarazada". Y, precisamente, en ese momento lo menos que desea la señora Rodríguez son "las buenas noticias" de un ginecólogo. A partir de este instante y hasta el conflicto final, tendremos a dos jóvenes desengañados y frustrados, que se preguntan a sí mismos cómo pudo haber ocurrido todo lo que están viviendo. También hay que añadirles la presencia de un pequeño inocente que nunca podrá disfrutar los beneficios de un hogar estable. Será educado fundamentalmente por su madre, y preguntará siempre: "Mamá, ¿dónde está mi papá?"

Es verdad, que el inicio de la pareja matrimonial que he pintado, no refleja la generalidad de los hogares formados por gente joven, pero sí representa a un buen número de ellos. Las estadísticas sobre los divorcios en los Estados Unidos son las más altas del mundo y están en constante crecimiento. En el caso de nuestra parejita desilusionada, ¿qué ocurrió con sus hermosos sueños? ¿Cómo estos jóvenes que iniciaron su relación con tanto entusiasmo pudieron llegar a esos extremos de hostilidad y rechazo mutuo? Al comienzo no existía otra pareja más enamorada que ellos, pero su felicidad se hizo polvo sin que ninguno de los dos pudiera evitarlo. ¿Por qué no duró más? ¿Cómo pueden evitar otras parejas ese desenlace para su amor apasionado?

Precisamente por todo ello es tan necesario comprender el verdadero significado del amor romántico. Tal vez las respuestas a nuestro cuestionario nos ayudarán para lograr ese propósito.

1. *Considero que el amor "a primera vista" puede suceder solamente entre cierto tipo de personas.*

Posiblemente algunos lectores no estén de acuerdo con mi respuesta, pero el "amor a primera vista" es imposible desde el punto de vista físico y emocional. ¿Por qué razón? Porque el sentimiento amoroso no es sencillamente un sentimiento de excitación romántica. Es mucho más que el deseo de conseguir pareja. Se dirige aun más allá de la simple atracción sexual. Y sobrepasa a la satisfacción de haber "cazado una buena presa" de cierta clase social. Estas son emociones capaces de surgir a primera vista, pero no constituyen el verdadero amor. Yo deseo que todos estén bien seguros de esto. Los sentimientos mencionados son temporarios y se distinguen del verdadero amor en el sentido de que están enfocados hacia uno mismo. "¿Será posible que algo tan maravilloso me esté ocurriendo a mí? Es la experiencia más fantástica que he tenido en mi vida. ¡Creo que me he enamorado!" Como es bien evidente, estas emociones son puramente egoístas, pues se dirigen hacia nuestra propia satisfacción. No toman muy en cuenta a la persona amada. Un amor así, no se siente realmente comprometido con la otra persona. A través de esta emoción que se experimenta, uno se está amando realmente a sí mismo. Y existe una enorme diferencia entre este sentimiento y el verdadero amor que está hecho de entrega y compromiso.

Las canciones que están de moda en la actualidad, entre los adolescentes, reflejan una gran ignorancia sobre el significado del verdadero amor. Una de estas canciones aseguran: "Luego de haber bailado juntos, mi corazón palpitaba, y supe que estaba enamorado de ti". Yo me sentiría muy sorprendido si el autor de dicha canción al día siguiente de componerla mantuviera su declaración. Otra de estas canciones confiesa: "Yo no sabía qué hacer, así que la miré y le dije: Te amo". Esto realmente me molesta. La idea de un sentimiento profundo, compartido durante toda la vida, parece algo sin importancia para la mayoría. Un conjunto musical también grabó hace años una canción que ponía en evidencia el desconocimiento total que tenía su autor del verdadero siginificado del amor. Decía: "Hoy me he levantado enamorado porque has estado presente en mis sueños, todo el tiempo". Un amor así es un fantasma mental y así permanece. Un grupo de rock llamado "Las Puertas", ganó un premio por el número musical más intemporal del siglo. Decía entre otras lindezas: "¡Hola! Yo te amo. ¿Te gustaría darme tu nombre?"

¿Sabía usted que la idea del matrimonio basado en el amor romántico ha tomado fuerza hace muy poco tiempo en la historia de la humanidad? Mil doscientos años antes de Cristo, los matrimonios se pactaban entre las familias de los novios. Y nunca ocurría el hecho que alguien tuviera conciencia de "estar enamorado". Verdaderamente, el concepto del amor romántico se puso de moda por William Shakespeare. Y existen momentos en que me gustaría mucho que el gran dramaturgo inglés viniera a ayudarnos a desenredar los líos que se presentan por causa de sus ideas.

El verdadero amor, contrariamente a lo que cree la mayoría, es la expresión de un profundo aprecio por otro ser humano, de interés en todo lo concerniente a esa persona, a sus necesidades y deseos de ayer, hoy y siempre. Es grandemente generoso, pues se preocupa por el otro y se entrega a sí mismo en la forma más desinteresada. Por eso estoy convencido, amigos lectores, que ese amor de entrega y compromiso no se experimenta "a primera vista".

He podido disfrutar una vida de amor duradero con mi esposa, pero nuestra experiencia no fue instantánea. Hemos evolucionado juntos dentro de ella y este proceso llevó su tiempo. Conocía de vista a Shirley antes de poder admirar la profundidad y firmeza de su carácter y penetrar después en la hondura de su mundo espiritual que ahora aprecio mucho más. La sinceridad de la cual ha brotado ese amor, no hubiese podido ser sustituida por "aquella tarde maravillosa en la cual te vi por vez primera, en medio de un salón lleno de gente". Ninguna persona puede amar a alguien a quien no conoce. No importa cuán atractivo, encantador o excitante pueda parecernos.

2. *Creo que no es difícil identificar el amor verdadero de la pasión.*
De nuevo la respuesta es: Falso. Somos capaces de elevarnos hasta las estrellas al inicio de una relación romántica que surge respaldada por los signos de ser algo que durará toda la

vida. Traté de convencer a un soñador extasiado de dieciséis años de que él no está verdaderamente enamorado sino que está sintiendo una pasión sensorial y es capaz de saltarle encima con su guitarra para cantarle: "El amor de los jóvenes es el amor verdadero, lleno de gran emoción, de inmensa devoción. El amor de los jóvenes es un amor de verdad". Él está muy seguro de lo que siente, y siente muchísimo. Y tratará de disfrutar ese amor lo más pronto posible, mientras dura, porque presiente que tendrá su punto final pronto también.

Deseo hacer énfasis también en lo siguiente: La excitación que proviene de la pasión no es un estado permanente. ¡Es fugaz! Y si piensa que va a vivir en la cima de la pasión año tras año, ¡olvídelo inmediatamente! En el segundo capítulo dijimos que las emociones fluctúan desde los niveles bajos hasta los más altos y viceversa, en un ritmo verdaderamente cíclico. De modo que si confundimos el brillo de la atracción sexual con el amor verdadero, sin duda alguna, sentiremos desilusión y desencanto.

¿Cuántas parejas de jóvenes que se creen "enamorados" contraen matrimonio sin esperar que sus emociones hayan seguido el proceso normal que hemos mencionado? Después, cualquier día, se levantan sin la sensación agradable que los envolvía, y terminan asegurando que su amor ha muerto, cuando la realidad es que nunca existió realmente. Fueron seducidos por una fuerte emoción. En cierta ocasión intentaba explicar este "sube y baja" característico de nuestra naturaleza sicológica a un grupo de cien parejas jóvenes con las cuales hablaba. Durante esa reunión alguien preguntó a un muchacho del grupo que por qué se había casado tan joven y él contestó:

—Porque no estaba enterado de ese "sube y baja" de las emociones y fue demasiado tarde.

Esa es la realidad. Esta variabilidad de las emociones ha servido para atrapar a más de un joven romántico.

De acuerdo con las circunstancias de la vida que estemos atravesando, esa línea emocional se elevará o descenderá en nuestra experiencia. Incluso a una mujer y un hombre que se amen sincera y profundamente puede ocurrirle que alguna vez se sientan sobrecargados emocionalmente, y otras veces completamente vacíos. *No obstante, este amor genuino no está definido por "el sube y baja" de las emociones, sino que depende del compromiso entre dos voluntades.* Traté de expresarle a mi esposa Shirley esta idea en una carta hace unos seis años, en una tarjeta de aniversario:

A mi querida Shirley, debido a nuestro octavo aniversario:

Puedo asegurar que recordarás con la misma intensidad que yo, las muchísimas ocasiones durante estos ochos años en que nuestro amor alcanzó grandes niveles de realización; momentos en que nuestros sentimientos recíprocos nos parecían más allá de toda medida. Esta clase de emoción no surge por casualidad, sino que con mucha frecuencia va acompañada de cierto grado especial de felicidad. La experimentamos cuando recibí mi primera oferta de trabajo profesional; cuando trajimos del hospital a la casa, la criatura más maravillosa de todo el universo. También la sentimos cuando la Universidad de California me eligió para concederme un grado doctoral. ¡Pero las emociones a veces son extrañas! Sentimos también esa unidad cuando nos vimos obligados a enfrentar situaciones de índole diferente: la época que la amenaza y la posibilidad del desastre rodearon nuestras vidas. También la experimentamos cuando aquel problema médico casi nos hace posponer nuestro matrimonio y cuando fuiste hospitalizada el año pasado. La sufrí profundamente en el momento que me arrodillé ante ti, mientras permanecías inconciente después de un terrible accidente automovilístico. Lo que estoy intentando expresarte es lo siguiente: Ambas circunstancias, la felicidad y la amenaza, produjeron un irresistible sentimiento de aprecio y afecto dentro de nuestros corazones. Pero la verdad es que la vida no está construida basada en grandes desastres ni a excepcionales estados de felicidad. Más bien se compone de la rutina y la calma, y de los sucesos que a diario compartimos. Durante esos momentos, he disfrutado de la quietud y la profundidad del amor, que sobrepasan cualquier despliegue de efervescencia. Me siento muy apoyado en esta clase de amor al arribar a nuestro octavo aniversario. Hoy puedo experimentar la calma y el sereno cariño que nos llegan de un corazón lleno de afecto y ternura. Y estoy comprometido contigo y con tu felicidad con más fuerza que nunca antes y deseo que estés siempre a mi lado.

Durante las circunstancias especiales que unen aun más nuestras vidas, disfrutaremos esa emoción en forma romántica y excitante, pero también la disfrutaremos durante la rutina de la vida, como hoy, cuando nuestro amor no disminuye, sino que permanece y permanecerá hasta el final de nuestras vidas. Feliz aniversario para mi bella esposa.

Tuyo,
Jim.

La frase clave de mi tarjeta de aniversario es: "Estoy comprometido contigo". Como es evidente, mi amor por Shirley no disminuye ni desaparece ante cualquier circunstancia temporal, o influencia ambiental. Aun en el supuesto caso de que mis emociones fluctuaran de un lado al otro, el compromiso que he hecho con ella permanecerá sólidamente asentado en el mismo lugar. Porque yo decidí amar a mi esposa y esa selección se encuentra afianzada por un compromiso de mi voluntad. "En enfermedad y en salud, en riqueza y pobreza; en las buenas y en las malas desde hoy en adelante..."

Desdichadamente, ese compromiso fundamental de la voluntad se encuentra ausente en muchos matrimonios, en la actualidad. Algunos dicen: "Te amo. Mientras dure la atracción que siento hacia ti". O "Hasta que encuentre a alguien mejor que tú". O "En tanto dure mi capacidad para mantener esta relación a este nivel". Podemos afirmar con toda seguridad, que el amor sin compromiso, tarde o temprano se disipará como la neblina.

3. *Creo que la pareja que verdaderamente se ama, no discute ni se pelea entre ellos.*

Sinceramente creo que esta pregunta no merece una respuesta. Los problemas conyugales algunas veces son tan inevitables como la salida del sol, aunque ambos se amen profundamente. No obstante, existe una ostensible diferencia entre los conflictos saludables y los enfermizos, todo depende de cómo enfretemos el problema. En un matrimonio donde fluctúan las emociones, el resentimiento es lanzado directamente al rostro del otro: "Eres una inutilidad. No sé para qué me casé contigo. Eres insoportablemente estúpida, y cada día te estás pareciendo más a mi suegra". Esas referencias tan directas hieren lo más profundo de la dignidad personal y producen una destrucción interna. Por lo genereal, provocan en el otro miembro de la pareja el deseo de responder en la misma forma, utilizando esos comentarios hirientes y odiosos, aderezados por lo general con su correspondiente dosis de llanto e injurias. El objetivo definido de esta conducta tan agresiva es el de herir, y las palabras expresadas con ese espíritu jamás se olvidan. Aunque hayan sido dichas en un momento de ira o descontrol. Cada batalla de este tipo va destruyendo la unión matrimonial saludable y reemplazándola por una relación morbosa que terminará con el matrimonio a poco plazo. Por otra parte, los conflictos saludables se mantienen limitados al área donde se suscitó el problema. "Estás gastando el dinero más rápidamente que el tiempo que yo empleo en ganarlo". "Me trastornas toda mi organización cuando no me avisas que llegarás más tarde de lo acostumbrado". "No puedes imaginarte lo mal que me sentí cuando me hiciste quedar como un idiota en la fiesta de anoche". Estas esferas de conflictos, aunque provocan cierta tensión emocional son mucho menos perjudiciales para las personalidades de las parejas que se enfrentan. Una pareja sana puede intentar transformar esos detalles, por medio de pactos y compromisos, sin tener que continuar lanzándose frases hirientes a la mañana siguiente de haberse producido el problema.

La capacidad para poder enfrentarse adecuadamente a estos problemas, quizás sea la técnica más importante que deben aprender los recién casados. Por lo general aquellos que conocen a fondo esta técnica optan por dos alternativas:

- a. Sepultan su ira y resentimiento bajo un manto de silencio bajo el cual van desarrollándose con el transcurso del tiempo;

- b. Se lo lanzan todo directamente al rostro de su cónyuge.

Los juzgados que se encargan de los trámites para efectuar divorcios, están repletos de parejas que pusieron en práctica las dos posibilidades.

4. *Considero que Dios escoge una persona específicamente para que uno se case con ella, y guía sus pasos para que este propósito se realice.*

Un jovencito a quien yo consultaba me contó que en cierta ocasión se había despertado a medianoche con la impresión de que Dios deseaba que se casara con una joven a la que sólo había visto en contadas ocasiones. En ese momento ni siquiera salían juntos y apenas se conocían el uno al otro. A la mañana siguiente, él llamó a la jovencita y le transmitió el mensaje que supuestamente Dios le había dado durante la noche. Ella se imaginó que era imposible negarse a una revelación como aquella y se casó con él. En la actualidad llevan siete años de casados y están luchando a brazo partido para no romper el matrimonio, por lo menos, hasta el próximo aniversario de bodas.

También hay personas que piensan que Dios garantiza a los cristianos un matrimonio perfecto y esto puede causarles un gran choque ante la realidad. Esto no significa que Dios sea indiferente a nuestra elección, o que Él no responda una petición específica respecto a la persona que nos va a acompañar el resto de nuestras vidas. Como en otras áreas de nuestras vidas, debemos buscar su Voluntad para que nos guíe en una decisión tan importante. Yo consulté muchas veces con Dios, antes de proponerle matrimonio a la que hoy es mi esposa. No obstante, no puedo afirmar que Dios tenga una ruta prefijada de antemano para cada uno de nosotros en ese aspecto. Él nos ha dado sentido común, capacidad para poder juzgar y discernir, por lo cual espera que podamos ejercitar todos estos dones en los asuntos relacionados con el matrimonio. Los que piensan de otra manera corren el riesgo de llegar al matrimonio con un pensamiento ambiguo: "Si Dios no hubiera aprobado mi matrimonio hubiera podido impedirlo a tiempo". A la persona ingenua que piense de esa manera sólo puedo decirle: ¡Que tenga mucha suerte!

5. Creo que los problemas y dificultades no van a afectar a una pareja que se ame sinceramente.

Otra creencia equivocada relacionada con el significado del verdadero amor, es que éste es tan poco vulnerable como una especie de peñón de Gibraltar a las adversidades de la vida. Muchas personas parecen creer que el amor tiene como objetivo vencer todos los obstáculos o conquistarlo todo. Los Beatles estimularon este punto de vista con aquella canción que decía: "Amor es todo lo que necesitamos. Todo lo que necesitamos es amor". Desdichadamente, necesitamos algo más.

Gran parte de mi vida profesional ha transcurrido en el departamento de niños del Hospital de Los Ángeles. En ese departamento estudiamos muchos problemas genéticos y metabólicos los cuales tienen como resultado retardo mental en los infantes. Con mucha frecuencia, el impacto emocional que puede causar en una familia es destructivo. Aun en aquellos matrimonios donde existe el amor y la estabilidad, el hecho de haber traído un niño con deficiencias mentales a este mundo, los hace experimentar complejos de culpa y desencanto, que a su vez pueden llevar a los padres a estados de incomunicación entre ambos. De igual modo, el árbol del amor puede ser dañado por los problemas económicos, la enfermedad, los fracasos financieros o la separación a largo plazo.

En síntesis, podemos concluir asegurando que el amor es vulnerable al sufrimiento y al dolor, y que con mucha frecuencia también el amor se tambalea cuando es golpeado con fuerza por las circunstancias de la vida.

6. *Creo que es mucho mejor casarse, aunque no sea con la persona adecuada, antes que permanecer soltera y sola toda la vida.*

Nuevamente la respuesta es :Falso. Es mucho más fácil soportar la soledad, que los conflictos emocionales que con tanta frecuencia, se enfrentan en el matrimonio. Pero la amenaza de ser una anciana solterona (término que rechazo siempre) conduce a muchas mujeres a subirse al primer autobús matrimonial que se acerque, y a contraer matrimonio con el candidato que se presente. Este pasaje que se acepta conduce, generalmente, hacia el desastre.

7. *No creo que realizar el acto sexual antes del matrimonio sea nocivo para la pareja, siempre y cuando se mantenga una buena relación.*

Esta cuestión constituye la más peligrosa de todas las creencias populares sobre el amor romántico, tanto para el individuo como para el futuro de nuestro país, como nación. Durante los útimos quince años, hemos sido testigos del derrumbe de nuestras normas sexuales y de los conceptos morales que han dirigido la conducta de nuestra sociedad, tradicionalmente. Al responder al tremendo embate de la industria del placer y de los medios masivos de comunicación, el pueblo norteamericano ha empezado a creer que las relaciones fuera del matrimonio son saludables, que son necesarias las experiencias sexuales antes del matrimonio, que la homosexualidad es aceptable y que la bisexualidad es lo máximo. Estas ideas son una muestra irrefutable de la gran estupidez que impera en la esfera sexual en esta era que vivimos, pues son creídas y aplicadas por millones de norteamericanos actuales. Hace poco se hizo un estudio entre estudiantes de secundaria, el cual reveló que veinticinco por ciento de ellos se han acostado con una persona del sexo opuesto por un período mínimo de tres meses. Acorde con otra investigación, sesenta y seis por ciento de los estudiantes de secundaria respondieron a la encuesta que las relaciones antes del matrimonio son saludables cuando las dos personas estén de acuerdo en ello, o "cuando la pareja ya ha fijado una fecha para casarse y se preocupan el uno por el otro". Nunca me he considerado un profeta de calamidades, pero estas estadísticas mencionadas me preocupan mucho. Pues veo con temor y temblor las tendencias que existen y que sólo conllevan la destrucción de nuestra sociedad y su estilo de vida.

Desde hace cincuenta siglos, la humanidad ha conocido, al menos de manera intuitiva, que las relaciones sexuales indiscriminadas son una verdadera amenaza a la supervivencia, tanto desde el punto de vista individual como colectivo. Y esa sabiduría antigua ahora está respaldada por documentos científicos. El antropólogo J.D. Unwin dirigió una exhaustiva investigación sobre ochenta y ocho civilizaciones que han existido en la historia del mundo. Y por medio de ella se ha revelado que cada cultura ha seguido un ciclo de vida parecido: se iniciaron con un código estricto de conducta sexual y finalizaron con una amplia exigencia de "libertad" para dar rienda suelta a sus pasiones individuales. Unwin también averiguó que cada sociedad en la que se ha extendido el libertinaje sexual, el pueblo estaba cercano a desaparecer. Y no ha habido ni una sola excepción.

¿Por qué se puede suponer que los impulsos sexuales son sumamente importantes para que sobreviva una determinada cultura? Esto se debe a que la energía que mantiene unido a un pueblo es fundamentalmente la energía sexual. La atracción física estimula a hombres y mujeres a establecer una familia y los compromete a desarrollarla. Esta es la fuerza que los anima a trabajar, a ahorrar y a luchar para asegurar la supervivencia familiar. La eneergía sexual provee todos los elementos para la crianza de niños saludables, y para trasmitir los valores éticos de una generación a otra. También conduce al hombre a trabajar cuando preferiría descansar o jugar; y a la mujer a ahorrar cuando siente deseos de gastar. Resumiendo, el aspecto sexual de nuestra naturaleza cuando se manifiesta dentro del marco familiar, es la que genera la estabilidad y la reponsabilidad que ningún otro factor podría producir. Y si una nación está constituida por millones de hogares afectuosos y estables, la sociedad entera será equilibrada, responsable y por ende, bien formada.

Siendo la energía sexual la clave de una sociedad sana cuando está rigiendo la vida familiar; si se lanza irreflexibamente fuera de sus ámbitos normales, se convertirá en una fuerza catastrófica. Esa maravillosa energía que mantiene cohesionado a un pueblo, después empieza a ser el agente de su propia destrucción. Quizás podamos hacer una analogía, para poder ilustrar este punto, entre la energía sexual en el núcleo familiar y la energía física en el núcleo del átomo. Electrones, neutrones y protones se mantienen en delicado equilibrio debido a la fuerza eléctrica que actúa dentro de cada átomo. Sin embargo, cuando ese átomo y sus vecinos son divididos por la fisión nuclear (como ocurre en la bomba atómica), la energía que aseguraba el equilibrio interno entonces es liberada con el subsiguiente poder destructivo que desata. Existen muy buenos argumentos para pensar que esta comparación entre el átomo y la familia no es puramente casual.

¿Quién puede ignorar la insanidad de una sociedad, donde los impulsos sexuales de sus componentes se han convertido en instrumentos de sospecha e intriga dentro de tantas familias? Cuando una mujer desconoce lo que anda haciendo su marido fuera de casa... cuando un esposo no puede confiar en su esposa si la deja sola... Cuando la mitad de las novias se hallan embarazadas a la hora de contraer matrimonio ante el altar... cuando cada recién casado ha tenido todas las relaciones sexuales que ha deseado, perdiendo así la belleza exclusiva del lecho nupcial... Cuando cada uno hace lo que le venga en gana buscando su satisfacción sexual.

Lamentablemente, la víctima más afectada por esta conducta sexual sin frenos, es el niño pequeño, que es sumamente vulnerable a los gritos, discusiones, tensiones y frustraciones de sus padres, que se infiltran en su mundo infantil causando dolorosas heridas que dejaran huellas imborrables en su desarrollo infantil y juvenil. Él es testigo de los conflictos de sus padres, que terminan separados por la ira, y tiene que decirle adiós al padre a quien tanto ama y necesita. O quizás debemos mencionar a los cientos de bebés nacidos de madres solteras, la mayoría de los cuales no podrán disfrutar de un hogar estable y de una educación adecuadas. O también tendríamos que añadir la inmensa cantidad de enfermedades venéreas que han alcanzado proporciones epidémicas entre la juventud norteamericana. Esta es la consecuencia asquerosa de la llamada "revolución sexual" y estoy harto de oír como se la idealiza y defiende.

Dios ha prohibido con mucha claridad la irresponsabilidad sexual, no para privarnos de un placer maravilloso y de la verdadera felicidad, sino para evitarnos las consecuencias horribles de este estilo de vida que sólo corrompe la mente de la humanidad. Y todas aquellas personas que prefieren ignorar o desafiar Sus Mandamientos, tendrán que pagar muy caro la insensatez de sus conductas. Mis ideas respecto a esta materia podrán estar muy fuera de moda, pero creo en ellas y las defiendo con todas mis fuerzas.

8. Creo que si una pareja está verdaderamente enamorada permanecerá en esa condición el resto de su vida.

El amor, aun el verdadero, es cosa frágil. Y debe ser alimentado y estar bien protegido para que pueda sobrevivir a toda la contaminación que le rodea. Cuando un hombre se dedica a trabajar los siete días de la semana está poniendo en peligro al amor. Cuando no hay tiempo para brindarse mimos mutuos y mucho menos para disfrutar alguna forma de romanticismo, el amor está en peligro. Y si los esposos se olvidan de dialogar entre sí, de sus respectivos deseos y necesidades, por el vertiginoso ritmo de vida que se lleva, también el amor puede enfermarse y morir. Cuando se introduce este apresuramiento y este afán de trabajo para elevar nuestras condiciones de vida se resiente la relación como experimenté yo mismo en mis primeros tiempo de matrimonio con Shirley. Estaba trabajando mucho y tratando de terminar mis estudios para el doctorado en la Universidad de California, mientras mi esposa trabajaba también como maestra de escuela, y además atendía nuestro pequeño hogar. Recuerdo con mucha claridad la tarde en que comprendí como ese vertiginoso ritmo de vida que nos envolvía a los dos, estaba bloqueando nuestra relación como pareja. Nos amábamos el uno al otro, sin duda alguna, pero nos encontrábamos en la frontera de perder nuestra intimidad y la ternura de nuestro compromiso por la falta de tiempo para mantenerlas. Entonces una noche salimos a pasear juntos, dejando a un lado todos los libros de textos. El semestre siguiente yo debía cumplir un programa de estudios extremadamente cargado, pero decidí priorizar mi vida familiar y mi amor por Shirley a alcanzar mis metas académicas.

¿En su escala de valores qué lugar ocupa su matrimonio? ¿Elimina usted lo superficial y transitorio de su plan de actividades, o son cosas de tanto valor para usted que justifica que se mantengan en su vida? Es posible que ellas solas desaparezcan si usted decide ponerlas a un lado.

9. *Considero que los noviazgos cortos son más efectivos que los largos.*

La respuesta de esta pregunta está implícita en el tema que mencionamos anteriormente sobre la pasión. Los noviazgos cortos llevan en sí mismos decisiones repentinas que se toman para compromisos que deberán ser cumplidos el resto de la vida. Y esto puede traer problemas delicados posteriormente.

10. *Creo que el amor genuino es más factible de ser experimentado por los adolescentes que por los adultos.*
Si este punto fuera verdadero, hallaríamos que es demasiado difícil explicar entonces por qué cincuenta por ciento de los matrimonios entre jovencitos fracasa antes de cumplir los cinco años. Todo lo contrario ocurre en la clase de amor que estoy describiendo como generoso, responsable y altamente comprometido, el cual requiere una gran dosis de madurez para su realización. El amor juvenil es muy excitante y ayuda a nuestro crecimiento sicológico, pero excepcionalmente logra alcanzar el nivel de una relación profunda, de la cual pueda surgir un matrimonio con éxito.

Resumen

Todas las preguntas que aparecen en el cuestionario tienen una sola respuesta: Falso. Porque todas ellas están representando las ideas que más se han popularizado en nuestra sociedad, sobre el amor romántico. Y si usted, lector, desea utilizar este cuestionario para aprobar decisiones matrimoniales puede hacerlo con confianza. De 9 a 10 respuestas acertadas será un puntaje excelente para los encuestados. Los que obtengan de 5 a 8 puntos, debían esperar por lo menos seis meses más para casarse. Y los insensatos que sólo alcancen de la puntuación de 4 a 5 respuestas correctas, debían optar por un celibato a tiempo completo. ¿Y a usted, estimado lector, en qué grupo lo clasificamos?

Preguntas y respuestas

Pregunta: ¿Con mucha frecuencia me pregunto por qué son las mujeres las que parecen anhelar más el amor romántico que los hombres? ¿Y por qué necesitan más colmar esas necesidades emocionales que sus cónyuges?

Respuesta: Opino que una parte de esa necesidad romántica femenina proviene posiblemente de las influencias gené-
ticas producidas por el hipotálamo en el cerebro. Quizás otras
de esas características se hayan derivado de sus experiencias
infantiles diferentes con los niños y las niñas que conoció en
su más temprana edad. Nuestra sociedad orienta a las niñas
en un sentido específico enfatizado en el sentimiento romántico. Se inicia en los años preescolares, con cuentos fantásti-
cos como el de Cenicienta, que deslumbra al príncipe y a todos
los invitados de su fiesta, con su irresistible encanto. O en el
caso de la Bella Durmiente que espera por el tierno beso de su
amado para despertar de su sueño eterno. Mientras que los
niños se idenfican con ídolos del deporte o juegan a los
"cow-boys" o a ser héroes en peligrosas aventuras, sus herma-
nitas juegan a las muñecas y a imitar todas las actitudes y
conductas que más tarde deberán repetir pero en el mundo de
la realidad. Después, cuando esté en la secundaria, pasará
mucho más tiempo soñando despierta con el matrimonio, que
su contraparte masculino. Él también piensa en el sexo, por
supuesto, pero ella lo ve a través del prisma del amor. De modo
que comprará y leerá revistas y novelas de amor que alimen-
tarán sus ideas románticas, mientras que él no. Esa es la razón
por la cual los hombres y las mujeres se unen en matrimonio
bajo diferentes perspectivas, no sólo en lo referente al pasado
sino también al futuro.

Pregunta: ¿Por qué los hombres estamos tan mal informados sobre la naturaleza femenina y su conducta normal?

Respuesta: En ninguna época los hombres fueron bien
informados al respecto. A través de las edades se ha aconse-
jado a la mujer que conozca sus necesidades sexuales y todo
lo que está relacionado con su marido. Cada mujer conoce
que el deseo sexual masculino necesita ser satisfecho de
cualquier manera. Lo que trato de decir en todo momento es
que las necesidades emocionales que experimentan las mujeres son tan imperiosas y urgentes como las exigencias físicas
que tienen los hombres de satisfacción sexual. Y si se descui-
dan ambas necesidades, habrá que pagar un precio muy alto

por esos descuidos. Y es tan lamentable que un hombre desconozca esas necesidades emocionales de su esposa, como que una mujer ignore el apetito sexual que experimenta su marido.

Lo voy a repetir con más claridad aún para provecho de mis lectores masculinos: La mujer es más vulnerable a su aprecio y amabilidad que lo que usted se ha podido imaginar nunca. Y el hecho de estar segura que usted la valora y respeta por sus cualidades personales es la forma más efectiva de mantener su autoestima saludable y de satisfacer sus necesidades emocionales. Nada podrá destruir más su dignidad que sentirse ridiculizada o rechazada por usted. Lo invito a hacer un experimento si todavía tiene alguna duda al respecto. Mañana bien temprano, cuando estén sus hijos desayunando, coménteles —muy naturalmente— lo privilegiados que son por tener la mamá que Dios les ha regalado. Sin dirigirse a ella, explíqueles con lujo de detalles, todas las tareas que ella tiene que realizar para mantener la casa limpia y con todas las cosas organizadas para que toda la familia se sienta feliz y sobre todo el tiempo que ella dedica a que cada uno de ellos tenga lo que necesita en el momento que lo necesitan. Converse con ellos destacando las actividades de su esposa, en forma sencilla y coloquial mientras ella trajina en la cocina. La forma en que su esposa reaccione a esta conversación de usted con sus hijos, le dará la medida de lo que hay en su mundo interior. Si ella se asusta y se le quema el desayuno y no le salen bien las cosas como es su costumbre, significará que usted se ha demorado mucho en decirle palabras de estímulo. Pero si dibuja una pícara sonrisa en su semblante y le dice que se apure, que va a llegar tarde al trabajo, entonces esa noche podrá comprobar que el dolor de cabeza que ella padece casi a diario a esa hora, habrá desaparecido por completo. En el caso de que no hubiera respuestas evidentes a su comentario, deberá entonces saber que la situación en que se encuentra su esposa es realmente crítica. Y que solamente podrá ser restaurada llevándola durante un fin de semana a un hotelito para estar solos ella y usted, con flores, bombones y una carta de amor esperándolos allí. Piense un momento, ¿cuándo fue la última vez que usted le expresó palabras de reconocimiento a su esposa?

Pregunta: ¿Les gusta a las mujeres un marido fuerte que asuma el liderazgo en el hogar?

Respuesta: Cierta vez alguien expresó: "Una mujer siempre prefiere un hombre que vaya delante de ella y no uno que la siga". Esa frase es muy antigua, y es estrictamente exacta, aunque sea rechazada con hostilidad por todas las damas del movimiento de liberación femenino. Por lo general, una mujer se sentirá muy contenta al reconocer y seguir el liderazgo masculino, siempre y cuando su hombre sea amoroso, gentil y respetuoso con ella.

Pregunta: Tengo 19 años y estoy soltera y sin compromiso. Usted nos ha mostrado algunas circunstancias muy deprimentes que ocurren dentro del matrimonio. Entonces, ¿para qué me voy a casar si existen tantos problemas en las parejas que se casan?

Respuesta: Los problemas que hemos mencionado reflejan lo peor que puede ocurrir dentro del matrimonio. Pero, quizás no hemos enfatizado lo suficiente en sus aspectos positivos, que también caracterizan a los matrimonios exitosos. Por experiencia propia puedo asegurarle que mi matrimonio con Shirley ha sido lo mejor que me hubiera podido ocurrir. Y existen millones de personas que podrían decir lo mismo. Verás: En cada actividad que uno realice mientras viva se presentarán problemas. Si no te casas las frustraciones que vendrán a tu vida serán de índole diferente, pero de todos modos serán frustraciones, no te quepa la menor duda. Respecto al deseo que tengas de casarte o no, te daré el mismo consejo que me dio a mí un maestro de la escuela bíblica en la iglesia, cuando yo tenía 18 años: "No te cases con la persona que tú piensas que podrías vivir sin problemas, sino cásate con aquella sin la cual no podrías vivir". Si en tu camino aparece esa persona ¡adelante! Por otra parte, es bueno que siempre tengas presente, que el matrimonio no ofrece soluciones para todos los problemas, sino que exige una verdadera entrega por ambas partes y por supuesto, un compromiso de voluntades, entre la pareja.

Notas

1. Judith Viorst, *Just Because I'm Married Does It Mean I'm going Steady?* Redbook, mayo, 1973, p. 62.

Capítulo seis

Los problemas económicos

Cuando yo era un adolescente, tenía un sueño que me producía un inefable placer. Iba caminando por una calle, cuando repentinamente veía una moneda en el suelo. Me agachaba enseguida para recogerla, pero al instante se convertía en otra moneda de más valor y cuando la recogía, de nuevo aparecían más monedas que se iban multiplicando cada una de ellas, por otras de más de valor a su vez. Así ocurría sucesivamente, hasta que yo comprendía que había obtenido una inmensa fortuna. Lo más curioso de todo era que a pesar de estar rodeado de aquellas monedas y con montones de ellas agrupadas en torno a mí, las personas que pasaban por la calle no se daban cuenta de mi descubrimiento lo cual no impedía que yo tratara de ocultarlas haciendo grandes esfuerzos, por temor a que me las fueran a quitar. El sueño se repetía siempre con algún ligero cambio, pero siempre estaba presente la idea fundamental de la avaricia. Después de veinte años de aquel curioso sueño, puedo decir en la actualidad que afortunadamente he superado esa inclinación a la avaricia. Mi sueño ahora es que yo me quedo parado mientras una multitud de personas me rodea recogiendo monedas por el suelo. Esto es lo que han hecho con mis sueños y aspiraciones veinte años de impuestos y créditos.

¿Qué lugar ocupan los problemas económicos en su esquema mental? Si esta clase de problemas lo están agobiando tenga la seguridad que también le causarán preocupación y ansiedad a toda la famlia. Los problemas económicos afectan de tal forma a las mujeres que respondieron el cuestionario, que ellas los colocaron en el quinto lugar como fuente de depresión. No hay que olvidar que esta encuesta fue realizada hace años, cuando había menos inflación que en la actualidad. Al parecer, en este momento, cada negocio, cada escuela, cada hospital y cada familia están luchando por sobrevivr económicamente. Además de que los problemas económicos con el Oriente Medio y la deuda externa del país pudieran aumentar los impuestos aun más. Y si la depresión económica llegara, todos tendremos que aprender a luchar con los problemas emocionales también.

Existen cientos de publicaciones especializadas en asuntos financieros para aquellos que desean mejorar el control de su economía. Yo no poseo ninguna autoridad en la materia, de manera que mis comentarios serán breves. Mi aporte sólo se dirigirá contra la codicia que nos conduce a desear cada vez más cosas, empujándonos a comprar lo que no necesitamos ni podemos adquirir.

Es casi imposible hacer un llamado a la cordura. He observado todas las cosas que ingiere la voracidad norteamericana: autos de último modelo, residencias confortables y elegantes, y toda clase de inventos y aparatos electrodomésticos que nos prometen más libertad y tiempo libre. Pero si uno observa todos estos artículos desde otro punto de vista, puedo asegurarles que no proveen la felicidad que tanto promueven. Todo lo contrario, es sabio el refrán popular que dice: "Aquello que posees, puede llegar a poseerte". ¡Qué verdad tan grande encierra! En las ocasiones que he entregado parte de mi sueldo, ganado con mucho esfuerzo, a cambio de determinado artículo de consumo doméstico, me veo obligado de mantener dicho artículo y a cuidarlo del deterioro. De manera en lugar de contribuir a que yo sienta más placer, me obligará a dedicarle gran parte de mi tiempo a mantenerlo en forma, o sea, echándole aceite, frotándolo, haciédole una buena limpieza o llamando al ejército de salvación para que finalmente me libren de él. Y lo más lamentable es que el precioso tiempo que hubiera podido emplear en actividades positivas y saludables se me ha escapado sometido a una tirana pieza de chatarra.

El último verano, en una tienda de juguetes, disfruté observando un columpio que se balanceaba. Era precioso y al parecer, muy sólido, de modo que decidí comprarlo para Ryan. Pero cuando más tarde me lo entregaron en casa, era una caja gigantesca que contenía 6.324 caños, 28.487,651 tornillos; 28.487.650 tuercas, y un manual de instruccines que le hubiera puesto los pelos de punta al mismísimo Albert Einstein. En las siguientes cuarenta y ocho horas, traté de ensamblar todas las partes, uniendo piezas y más piezas. Al fin, el aparato inestable quedó armado, pero para entonces yo tenía la mano derecha lastimada, mientras trataba de introducir un caño de media pulgada dentro de otro de 3/8. No obstante, lo verdaderamente desconsolador llegó cuando leí el final del manual de las instrucciones: "Por favor, asegure los tornillos del columpio cada dos semanas, para garantizar su seguridad y mayor duración". ¿Qué mejor ejemplo de esclavitud personal que esto que acabo de contarles? Por ahora, no me atrevo a olvidar que debo emplear el sábado, cada quince días, para asegurar ese monstruo de hojalata, o si no acabará por engullirse a mi propio hijo. Esto es, lectores y lectoras, el precio que pagamos por obtener cosas.

Ahora déjeme recordarle algunas compras innecesarias que usted hizo el año pasado. Quizás fue un abridor eléctrico que en este momento está arrinconado en el garaje. O puede ser un par de chaquetas que nunca usa. Debe comprender que estos artículos no fueron pagados sencillamente con su dinero. Fueron realmente comprados con el tiempo que usted empleó en ganar su sueldo. Ciertamente usted cambió una cierta cantidad de dinero por un cachivache que ahora no puede acomodar en ninguna parte de la casa.

Y ningún poder del universo será capaz de devolverle el tiempo que empleó para hacer esa compra inútil, en la mayoría de los casos. No hay duda alguna que estamos cambiando nuestras vidas por cosas materiales. Cosas que tanto para adquirirlas, como para mantenerlas, reclaman nuestro tiempo.

¿Parezco un predicador diciendo un sermón cuando señalo estas cosas? Quizás, pero lo que estoy haciendo es condenar mi propio estilo de vida. ¡Estoy enfermo al comprobar una y otra vez la opresión de obtener cosas! También me dirijo a esas multitudes que se hallan deprimidas porque tienen muy pocas cosas. ¿Qué cantidad de mujeres se sienten frustradas en la actualidad porque no tienen alguna cosa que hace cincuenta años no se había inventado? ¿Cuántas familias se sienten disgustadas porque sólo cuentan con una casa de dos habitaciones que hubiera sido considerada excelente en 1800? ¿Cuántos padres de familia sufrirán ataques del corazón por su gran esfuerzo en desear un salario mayor para comprar más cosas? ¿Cuántas familias irán a la bancarrota para tratar de igualarse a otras que se han enriquecido más que ellos, y que nuevamente los ha superado?

Terminaré añadiéndole al sermón lo que sigue: Durante mi reciente viaje a Inglaterra pude conocer un dramático ejemplo de la insensatez materialista que padece la humanidad. Del mismo modo que puede visitar museos y edificios históricos, me sentí impactado además por lo que yo llamé "los castillos solitarios". Pude comprobar la soledad de esos edificios que fueron construidos por hombres altivos que creían eran sus propietarios. ¿Dónde se encuentran esos hombres en la actualidad? Han muerto y han sido olvidados. Esos edificios que levantaron, son verdaderos monumentos a la fragilidad humana de los hombres que los construyeron. Ninguno de ellos sobrevivió para exigir ahora su propiedad. Como dijo Jesús al referirse al rico que murió y tuvo que abandonar sus riquezas: "...y lo que has provisto, ¿para quién será?" (Lucas 12:20).

Puedo asegurar a plena conciencia, que cuando me muera desearía dejar tras de mí algo más que "castillos solitarios". A mi edad comprendo cuán velozmente se ha deslizado la vida ante mis propios ojos. El tiempo se asemeja a una delgada cadenita engrasada que se escurre entre los dedos. Y es completamente imposible detenerlo o ponerle freno a su marcha. Por el contrario, año tras año parece transcurrir más veloz.

Ciertamente, del mismo modo que se han desvanecido los veinte años transcurridos, también se desvanecerán las próximas 3 o 4 décadas. De modo que no existe otra ocasión mejor para usted y para mí, que este momento, para determinar cuáles son los principios y valores que deben regir nuestra conducta, al igual que la inversión de nuestro tiempo. Después de concluir esta evaluación, puedo asegurar que acumular riquezas —en el caso de que fuera posible hacerlo— no es lo que le da verdadero significado a la existencia. Quiero poder dejar tras de mí, al finalizar mis días, cosas más valiosas que edificios, tierras, mercancías y acciones. No será fama ni beneficios. Y consideraré que he malgastado mi existencia si no puedo ver una familia amorosa y equilibrada, una influencia positiva en la vida de algunas personas, y un intento sano de servir al Dios que me creó. Ninguna otra cosa tiene tanto sentido y, verdaderamente, nada merece más mi aprecio que esto. ¿Y qué acerca de usted?

Preguntas y respuestas

Pregunta: Conozco personas que hacen sus decisiones económicas basándose en la astrología. El horóscopo ejerce influencia incluso en sus relaciones y negocios. ¿Podría decirme algo sobre la astrología? ¿Existen evidencias científicas que contribuyan a respaldarla?

Respuesta: El creciente número de adeptos a la astrología es la mejor evidencia de nuestra miseria espiritual, en medio de todos los acontecimientos sociales que han transcurrido durante los últimos años. Me sorprende que miles de personas, entre ellas políticos renombrados y astros de la pantalla grande y chica, hayan reconocido esta absurda creencia sin someterla a un riguroso examen. Incluso el presidente francés Georges Pompidou, en conferencia de prensa reveló que ha consultado a su astrólogo antes de tomar una decisión o hacer una declaración importante.

Me resulta ridículo en extremo pensar que Adolfo Hitler, la reina Isabel, Harry Truman, William Shakespeare, Bing Crosby, Willy Mays, Ho-chi-Min, Hilda Mayer y yo, podamos tener rasgos comunes, sencillamente por haber nacido bajo el signo de Tauro.

Lo más estúpido que podemos pensar es que nuestros éxitos en los negocios, nuestra salud y aun nuestra vida sexual estén predeterminadas por la posición de las estrellas el día de nuestro nacimiento. No obstante, existen más de 10.000 astrólogos en los Estados Unidos en la actualidad, ofreciendo consejos en asuntos económicos o para saber el límite de identificación que logra un hombre con su perro.

Los pronósticos astrológicos son ateos e ilógicos, ya que no existe ni la menor evidencia científica que sostenga la validez de tales horóscopos. Es bien conocido que un astrólogo recomendó a Hitler que invadiera Rusia. ¡Y ese fue su más grave error! A pesar de ello, millones de personas en todo el mundo consultan el horóscopo para conocer a diario lo que va a ocurrirles ese día o para adquirir sabiduría en el manejo de sus vidas. Hace poco me presentaron a un afamado actor de Hollywood mientras esperábamos para participar en un programa de televisión. Mi esposa me acompañaba para presenciar la entrevista y el actor la alabó por su belleza. Le dijo:

—Estoy seguro que usted nació bajo el signo de Sagitario, ya que las mujeres más hermosas han nacido bajo ese signo.

A mi molestó mucho la necedad de semejante afirmación, de modo que me sentí obligado a poner en tela de juicio su apreciación. Le pregunté si tenía alguna base para probar tal afirmación, y le señalé que sería muy fácil demostrarla. Sólo con verificar las fechas de nacimiento de todas las mujeres que tomaban parte en los concursos de belleza mundiales y nacionales tendría argumentos de sobra respetables. Eso significa que ya he aprendido, que la mejor manera de poner punto final a la conversación de un aficionado a la astrología es comenzar a hablar de evidencias científicas.

En 1960, los astrólogos pronosticaron la peor conjunción planetaria en 2.500 años que pudiera ocurrir, para ese año.

¡Siete de los nueve planetas se colocarían en una sola línea y esto significaba malas noticias para la Madre Tierra! Los hindúes adivinadores se morían de miedo y los astrólogos norteamericanos predijeron cosas tan alarmantes como que habría una inundación en California y que se produciría el catastrófico final del mundo. Las cosas se pusieron malas para los astrólogos cuando se verificó que realmente los desastres que ocurrieron ese año, no fueron peores que los de los años anteriores. Y todo esto se debió a que los astrólogos se olvidaron de algo primordial: El destino humano no está determinado por los planetas. ¡Tanto los hombres como los cuerpos celestes están sometidos bajo el señorio indiscutible del Dios Todopoderoso!

Cuando las predicciones astrológicas son difundidas por la radio y la televisión, con frecuencia los anunciadores repiten excusas, intentando justificarse con el argumento de que no están intentando formentar una creencia seria en la astrología, sino de proveer horóscopos como un simple juego y sana diversión. ¿Qué ocurre entonces? ¿La astrología se convierte en un agradable pasatiempo que sirve para entretener nada más? ¿Qué podemos decir entonces sobre los millones de norteamericanos dependientes de lo que las estrellas pronostican para sus vidas, pues en ellas han encontrado la guía y dirección de sus vidas?

¿No es mucho mejor confiar en mitos que no creer en nada? ¿Asumiremos una actitud de tolerancia para la astrología o la consideraremos una filosofía insidiosa a la que debemos oponernos con todas nuestras fuerzas?

Hace poco, un siquiatra muy conocido aconsejaba a sus pacientes que creyeran en sus astrólogos a pesar de que él personalmente pensaba que sus predicciones carecían por completo de valor científico. No estoy de acuerdo en lo absoluto con esa opinión. La astrología no es sencillamente un pasatiempo sin sentido, sino que es peligrosísima para aquellos que se someten a sus normas. Lo más lamentable de todo es que pretende sustituir la capacidad humana para tomar decisiones y hacer juicios sanos y razonables. Por ejemplo, una pareja heterosexual pueden elegirse mutuamente basados en sus cartas astrológicas, sin tomar en cuenta las consecuencias que esto tendría para sus vidas. Otros posponen o evitan decisiones importantes porque no tienen un horóscopo favorable para asumirlas. Es imposible calcular cuántas decisiones importantes se hacen diariamente influenciadas por lo que dicen las estrellas, provocando de este modo un gran impacto en las familias, los negocios y hasta en los asuntos de Estado. Esto es tan peligroso como jugarse el destino personal a la "cara o cruz" de una moneda. El cándido creyente de la astrología somete su conocimiento personal de los hechos, su sentido común y lo mejor de su capacidad de juicio, al "sábelotodo del diario de la radio y televisión". Esto me hace recordar al hombre que estando en el décimo piso de un edificio descansa confiado porque la fuerza del viento lo mantiene en equilibrio. Tarde o temprano la ráfaga cesará y el hombre, en medio del pánico, caerá a tierra sin remedio. De igual forma, el creyente en la astrología cuando se sienta acosado verdaderamente por los problemas y las decepciones clamará por algo a qué asirse, desesperdamente. Entonces encontrará un mínimo sostén en los mitos y supersticiones en las que creía anteriormente. Desde el punto de vista profesional y personal puedo asegurarles que he atendido a pacientes que sufrieron esta experiencia. ¿Es creíble entonces que la astrología es sólo un entretenimiento sin consecuencias?

Así y todo vamos a enfrentarnos a una pregunta muy importante: ¿Por qué muchas personas cultas e inteligentes dependen de una creencia sin base ni fundamento científico? Mi opinión personal es que existen tres respuestas a esta pregunta:

1. Ha surgido un gran vacío espiritual en la vida de muchas personas que anteriormente tenían fe en Dios, en los años recientes. Estas personas buscan ahora ansiosamente un sustituto de su Dios muerto que les ofrezca objetivos y sentido a sus vidas vacías.

   Respecto a este estado espiritual alguien ha dicho: "La superstición es el gusano que nace de la tumba de una fe muerta". Dicho de otra manera: El ser humano tiene necesidad de creer en algo y en ausencia de una verdadera fe en Dios, el lugar de la divinidad es ocupado por cualquier tipo de falacia.

2. La astrología es la única creencia que no impone deberes a sus adeptos. Ellos no tienen que ir a la iglesia, ni pagar diezmos y ofrendas, ni obedecer ni cantar nada. No hay nadie que les exija una conducta moral y honesta. No tienen que hacer ningún sacrifico. Y, verdaderamente, sus adeptos no deben tomar una cruz, ni estar en disposición de morir por ella.

Los que deseen leer y creer la palabra de sus autonombrados sacerdotes, lo único que tienen que hacer es utilizar cualquier medio de información masiva para encontrar lo que necesitan. (O, en su lugar, pagar unos dólares por una carta astral que le traerá un horóscopo "valioso e individual", autografiado personalmente por una computadora IBM, o hacer uso de cualquier línea síquica del momento.)

3. Sería imprudente ignorar el verdadero poder que se mueve tras los intereses de la astrología. Es Satanás quien trabaja detrás de esa pantalla estrellada.

Cada vez que algún astrólogo predice ciertos eventos con relativa exactitud ha sido inspirado por el diablo, que es el enemigo más grande de Dios.

Esta no es sólo mi propia opinión sobre este asunto, sino que se trata de la afirmación del mismo Dios, como podemos leerlo en su Santa Palabra. En las siguientes citas bíblicas encontraremos un resumen de mandamientos divinos relacionados con la astrología y la brujería:

Oid la palabra de Jehová que ha hablado sobre vosotros.. ¡Oh casa de Israel! Así dijo Jehová: No aprendáis el camino de las naciones, ni de las señales del cielo tengas temor, aunque las naciones las teman. Porque las costumbres de los pueblos son vanidad.

Jeremías 10:1-3

Estate ahora en tus encantamientos y en la multitud de tus hechizos, en los cuales te fatigaste desde tu juventud; quizá podrán mejorarte, quizá te fortalecerás.

Te has fatigado en tus muchos consejos. Comparezcan ahora y te defiendan los contempladores de estrellas, los que cuentan los meses para pronosticar sobre ti...

He aquí que serán como tamo; fuego los quemará, no salvarán sus vidas del poder de la llama; no quedará brasa para calentarse, ni lumbre a la cual se sienten.

Así te será aquellos con quienes te fatigaste, los que traficaron contigo desde tu juventud; cada uno irá por su camino, no habrá quien te salve.

Isaíass 47:12-15

Capítulo siete

Los problemas sexuales en el matrimonio

Las fuentes de depresión que fueron señaladas por las mujeres entrevistadas en el sexto y séptimo lugar, están relacionadas de diferentes formas: son los problemas sexuales y las molestias menstruales y de naturaleza sicológica. Para que resulten más efectivos, trataremos estos temas en dos capítulos. En el primero trataremos los problemas sexuales y en el siguiente nos enfrentaremos a las molestias menstruales.

A pesar de que la depresión vinculada a la frustración sexual matrimonial ocupa un nivel relativamente bajo entre las 75 mujeres entrevistadas, es evidente que refleja su importancia decisiva. Este asunto aparece entre los primeros cinco lugares determinantes señalados en orden de importancia por más de la mitad del grupo. Y es cierto que cada consejero matrimonial ha comprobado el temor y la tensión que generalmente acompañan las actividades del lecho matrimonial. Uno de los motivos de que esta cuestión parezca ser poco significativa se encuentra en la misma naturaleza del cuestionario empleado para la encuesta. Alguna fuente de depresión marcada en primer lugar debía aparecer más abajo que las demás, a pesar de que pueda estar bien cerca en la vida real. Más bien, la escala de valores utilizada tiende a medir el orden de importancia, más que la distancia que separan los problemas entre sí. Pero si el lector o lectora no ha entendido bien lo que quiero decir no tiene importancia, olvídelo que tenemos cosas mucho más importantes que debemos analizar a continuación:

1. La diferencia básica que existe entre los hombres y las mujeres.

En las últimas décadas se han realizado numerosos esfuerzos por demostrar que los hombres y las mujeres son exactamente iguales en todo, exceptuando en la capacidad para soportar a los niños. Las mujeres que militan en organizaciones feministas de manera muy vital (y disparatada digo yo) afirman que las únicas diferencias que existen realmente entre ambos sexos surgen debido a tradiciones culturales o por influencia del ambiente. Nada está más apartado de la verdad que lo que ellas proclaman. Los hombres y las mujeres son totalmente diferentes en todo, desde el punto de vista biológico, anatómico y fundamentalmente emocional. Se diferencian en cada célula de sus cuerpos, ya que los hombres son portadores de un modelo de cromosomas muy diferente al de las mujeres. Además, es bien evidente que la región donde se encuentra el hipotálamo, que está localizada debajo de la glándula pituitaria en el cerebro medio, está constituida de manera muy especial en cada sexo. De manera que el hipotálamo (que se conoce como el asiento de las emociones) provee a la mujer de un marco de referencias muy diferente al de los hombres. Por otra parte, el deseo sexual femenino tiende a ser cíclico, en correspondencia con su ciclo menstrual, mientras que en los hombres no se hallan estas características.

Estos y otros factores apoyan la afirmación de que las necesidades sexuales femeninas y masculinas no son similares. El no ser capaz de comprender estas particularidades en ambos sexos puede llevar a una frustración constante en el matrimonio, o despertar complejos de culpa en los cónyuges. Podemos señalar dos diferencias notables respecto al apetito sexual, que producen graves consecuencias:

1. Los hombres se excitan fundamentalmente por medio del estímulo visual. Son impactados por la desnudez o semi-desnudez femenina. Por el contrario, las mujeres son menos vulnerables al estímulo visual que los hombres. Por supuesto que se sienten atraídas por los cuerpos masculinos bien formados, pero su mecanismo sicológico sexual no se estimula por lo que ve. Las mujeres necesitan ser excitadas por medio del tacto. Y en este punto ya encontramos un motivo de desavenencia en el lecho matrimonial. Él desea que ella surja en la penumbra desnuda o a medio vestir, y ella quiere que él la acaricie en la oscuridad.

2. Y mucho más importante aún. Los hombres no hacen discriminaciones sobre la clase de mujeres que excitan sus deseos por medio de sus cuerpos. Por ejemplo, un hombre que va caminando tranquilo por la calle de repente se siente excitado por una mujer casi desnuda que va delante de él, contoneándose en forma provocativa. Él no conoce quién es esa mujer, ni cuáles son sus cualidades ni su capacidad intelectual. Lo único que valora es ese cuerpo que se contonea delante de él y que le produce una gran excitación. Lo mismo puede estimularse al contemplar una fotografía de alguna modelo desconocida, que aparece desnuda en una revista, en el cine o en cualquier medio propagandístico, que por el encuentro directo con la mujer que ama. El deseo sexual del hombre despierta por la contemplación del cuerpo de una mujer atractiva, sea quien sea. Esto puede darle validez a los reclamos que hacen las mujeres que se han sentido tratadas como "objetos sexuales", y utilizadas por los hombres. También esto puedo explicar por qué las prostitutas atraen tanto a la mayoría de los hombres, mientras que a otro tipo de mujeres les cuesta tanto trabajo atraer a un solo hombre. Y, además, explica el inmenso deleite que sienten los viejos desdentados que, sentados en un salón, contemplan a una bailarina que se mueve de manera sugestiva frente a ellos. Además, demuestra claramente que la autoestima masculina se halla más motivada por el deseo de "conquistar" a una mujer, que por hacer de ella el objeto de su preferencia romántica.

Lo ya mencionado son algunas características de la sexualidad masculina que están reconocidas por los especialistas y libros de consulta sobre esta materia. Todos estos factores son de vital importancia para establecer las diferencias fundamentales en el apetito sexual que experimentan ambos sexos.

Las mujeres son mucho más selectivas en cuanto a sus intereses sexuales. No se excitan, en la misma medida que los hombres, ante la vista de un caballero atractivo o al contemplar en fotografías o anuncios, el cuerpo desnudo o casi desnudo de un hombre.

Más bien su apetito sexual se dirige, por lo general, a un hombre en particular a quien ella admira y respeta. Una mujer se siente excitada por el carácter y personalidad de su hombre y por el ambiente romántico que lo rodea. Se rinde totalmente al hombre que apela a ella tanto en el plano emocional como en el físico. Por supuesto, es innegable que hay excepciones a estas características básicas de ambos sexos, pero generalmente se mantienen en la mayoría de los casos. El sexo para el hombre es más bien una actividad física, en tanto que para la mujer significa una profunda experiencia emocional.

¿Qué ocurre entonces en el matrimonio? ¿Cómo pueden estas diferencias sexuales tan marcadas integrarse en un amor legítimo y real dentro del matrimonio? Podemos asegurar que a menos que una mujer experimente el deseo de acercarse a su marido en un momento determinado, será incapaz de disfrutar una relación plena y satisfactoria con él, y su vida sexual estará llena de frustraciones. Al regresar a su hogar, después de un día agotador de trabajo, un esposo puede llegar de malhumor y sin deseos de conversar con su esposa. Él espera que llegue el momento de irse toda la familia a la cama. Y, por último, cuando esto ocurre, intenta retozar un rato con su mujer. El hecho de que no se hayan visto durante todo el día y que sólo hayan hablado unas pocas palabras a su regreso, no le inhibe en lo asboluto para sentir deseos sexuales. La ve en bata de dormir y la siente cerca de él en la cama y ya eso solo basta para excitarlo sexualmente. Pero a ella no le ocurre lo mismo. Lo estuvo esperando todo el día para comentar con él todo lo ocurrido entre los niños y sus conocidos, pero su desinterés por la conversación y el poco caso que le hizo a su regreso, la han desanimado por completo. La actitud mostrada por él desde que regresó del trabajado han enfriado los deseos sexuales de ella. De manera que ahora no puede responderle sexualmente como él espera. Déjenme avanzar un poco más. Cuando la mujer realiza el acto sexual sin sentir ternura ni romanticismo se siente como si fuera una prostituta. De alguna manera experimenta que su esposo está disfrutando su cuerpo para complacerse a sí mismo. De modo que ella, o se niega a sus reclamos, o se somete a ellos llena de resentimiento y rechazo hacia él. La incapacidad de satisfacerse con esta situación la llena de frustración y crea una constante fuente de preocupación a la mujer.

Si pudiera darles un consejo a todas las familias norteamericanas les diría que lo fundamental en el matrimonio es mantener el amor romántico en todas las circunstancias de sus vidas. En esto radica el fundamento de la estimación a sí misma de la esposa, al igual que la base de su gozo y de su capacidad para disfrutar las relaciones sexuales plenamente. La gran cantidad de hombres que se sienten rechazados dentro del matrimonio, y que se sienten aburridos y cansados de sus esposas deben pensar en esto seriamente, como la causa de sus problemas. El verdadero amor derrite hasta un témpano de hielo.

2. La variabilidad del deseo sexual

Los hombres y las mujeres también se diferencian sustancialmente en la manera en que manifiestan sus deseos sexuales. Los estudios que se han realizado últimamente demuestran que la intensidad del placer y la excitación en el momento del orgasmo en la mujer y la eyaculación en el hombre es idéntico en ambos sexos, a pesar de que los pasos para alcanzar ese clímax hayan seguido caminos diferentes por parte de los cónyuges. La mayoría de los hombres se excitan con más rapidez y frecuencia que las mujeres. Y llegan a un alto grado de excitación mucho antes de que sus esposas hayan olvidado todos los detalles de la cena en familia o de pensar en las ropas que deben usar mañana los niños para ir a la escuela. Por eso el hombre demuestra su sabiduría cuando tiene en cuenta la lentitud para excitarse sexualmente que tiene su esposa. Pero miles de mujeres quedarán frustradas al final de la noche, porque sus impacientes maridos han realizado el acto sexual como si hubieran sido bomberos que corrían a apagar un fuego. Y como si fuera poco, después de haber conseguido su placer han dado media vuelta para dormir, mientras sus mujeres siguen mirando el techo o escuchando los ruidos nocturnos por un largo rato. No hay nada que traumatice más a una mujer que esto.

Obviamente, también el apetito sexual masculino es más acuciante que el de las mujeres. En una ocasión, hablando sobre este tema, una amiga me contó acerca de una experiencia que vivieron ella y su esposo con una pareja de amigos con los cuales fueron a practicar esquí acuático. Llamaremos a esta pareja Carlos y Rosa. Carlos nunca había practicado este deporte y lo hacía muy mal. Todo el tiempo trataba de mantenerse en pie inútilmente, pues se caía una y otra vez en el agua del lago. De manera que pasó la mayor parte del tiempo bajo el agua, en lugar de en la superficie, a pesar de que los demás estuvieron por más de tres horas tratando de enseñarle. El agotamiento se reflejaba en su rostro y las piernas estaban tan flojas que se doblaban sin control. Su esposa Rosa no cesaba de observarlo en silencio, mientras él jadeaba por la falta de aire. Entonces ella se dio vuelta y le dijo a mi cliente al oído: ¿Tú crees que con todo este trajín le disminuirá el deseo sexual esta noche?

Muchas mujeres se asombran de la frecuencia con que sus maridos desean mantener relaciones sexuales. Y este es un asunto que "los maridos desearían que sus mujeres conocieran acerca de ellos". Cuando la satisfacción sexual no se realiza a plenitud, los hombres sienten la acumulación de la presión sicológica que exige ser puesta en libertad. Los hombres poseen dos vesículas seminales (que son pequeñas bolsas que contienen el semen), que gradualmente llegan al máximo de su capacidad, y cuando esto ocurre la influencia hormonal que ejerce sobre el hombre lo hace ser sensible al menor estímulo sexual. Mientras determinado tipo de mujer no llamaría su atención cuando él está satisfecho, la misma mujer lo puede excitar grandemente si lo encuentra con sus vesículas seminales llenas hasta el tope. Quizás a una esposa le cueste trabajo comprender este apetito sexual acumulado que sufre su marido, porque sus necesidades femeninas son menos urgentes y ejercen menos presión sobre su aparato sexual. Pero es necesario que reconozca que el apetito sexual de su marido está dirigido por una fuerza bioquímica natural que actúa dentro de su organismo. Y si ella lo ama realmente, procurará satisfacer las necesidades de su marido que tanto significan para él, con la frecuencia que a ella le sea posible. Esto no significa que yo esté negando las propias necesidades femeninas que ellas experimentan y deben ser satisfechas a plenitud también, sino que intento explicar el por qué la abstinencia sexual es casi insoportable para los hombres.

Volviendo al tema de la variabilidad del apetito sexual en el matrimonio, no sólo esta se halla en las diferencias existentes entre los sexos sino también en las enormes diferencias encontradas entre las propias mujeres. La naturaleza humana es sumamente compleja, y esa complejidad precisamente se evidencia en la diversidad del apetito sexual, sobre todo dentro del sexo femenino. Para expresarlo gráficamente, la sexualidad femenina se halla distribuida generalmente como aparece en el gráfico de abajo:

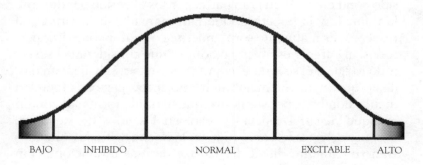

| BAJO | INHIBIDO | NORMAL | EXCITABLE | ALTO |

La mayoría de las mujeres se encuentran representadas en la parte central de la curva, que refleja un deseo o interés sexual "normal", o sea, "moderado". La parte sombreada a la izquierda, representa cerca del dos por ciento de la población femenina adulta que siente escasos deseos sexuales. A estas mujeres se les ha denominado: frías, frígidas o incapaces de disfrutar el sexo. La parte sombreada de la derecha simboliza a otros dos por ciento de la población femenina compuesto de mujeres poderosamente sensuales, que también son denominadas "superhembras", ninfómanas y otros términos más fuertes. Entre estos extremos opuestos se encuentran casi noventa y cinco por ciento de las mujeres que no responden al sexo en forma tan exagerada.

He presentado esta gráfica para representar a esas mujeres frustradas con frecuencia, que se encuentran clasificadas como "inhibidas". Se considera que en nuestra sociedad un veinte ó treinta por ciento de estas mujeres adultas pueden ser incluidas bajo esta clasificación, pues reflejan actitudes negativas o simplemente indiferencia en relación al otro sexo. Ellas consideran la relación sexual marital como un deber y excepcionalmente logran el orgasmo. Para ellas, el acto sexual no les ofrece emociones intensas ni estremecimientos de placer. Será bueno que nos ocupemos de este tipo de mujeres que generalmente padecen de una gran angustia mental y ansiedad.

¿Por qué hay mujeres que son menos sensuales que otras?
El comportamiento sexual de algunas mujeres adultas, ha sido condicionado en gran parte, por sus experiencias durante la infancia y la pubertad, que han marcado sus actitudes al respecto. Es realmente sorprendente constatar cómo hay personas, al parecer estables y maduras, que consideran el sexo y todo lo que a él se refiere, como cosas sucias, salvajes y malas, de las que es mucho mejor no hablar. Estas personas (pueden incluir hombres, por supuesto) que han sido formadas con un enfoque negativo hacia el sexo, en los años de su niñez, después de casarse, sobre todo en la noche de bodas, encuentran sumamente difícil deshacerse de esas inhibiciones tan

profundamente arraigadas en su forma de pensar. La boda y todo el proceso del casamiento resulta insuficiente para renovar sus ideas y enfoques incorrectos de: "Tú no vas a sentir nada" ó "No eres capaz de sentir apasionadamente". Este cambio mental no puede lograrse fácilmente.

Pero debo insistir en otro aspecto: En todos los casos, las diferencias en relación a ser capaz de sentir con intensidad la relación sexual no pueden ser atribuidas a errores en la educación. Hay que partir de que todos los seres humanos poseemos características muy particulares que nos identifican a unos de los otros. Tenemos diferentes tipos de dentadura, nuestras estructuras físicas y mentales no son idénticas a las de nuestros semejantes, ¿y qué decir de nuestras huellas digitales que son irrepetibles? Al igual que nuestra manera de pensar. Somos seres únicos. De igual modo nos diferenciamos en nuestros apetitos sexuales. Nuestra "computadora" intelectual ha sido programada de manera muy diferente de acuerdo al proceso de nuestra herencia genética. Algunas personas padecen de "hambre y sed sexual", mientras que otras desconocen esta presión, o son indiferentes a estos asuntos por completo. Lo que deseo enfatizar es que deberíamos aceptar nuestra propia sexualidad, de la misma forma que tenemos que aceptar nuestro cuerpo físico y nuestras emociones. Esta proposición no quiere decir que no tratemos de mejorar la calidad de nuestra vida sexual. Pero sí entiendo que debemos cesar nuestra carrera dirigida a lograr lo imposible, tratando de obtener una bomba atómica de un simple fósforo. En la medida que una pareja se sienta satisfecha el uno con el otro, no tienen que preocuparse por todos esos problemas de incompatibilidad mencionados en las revistas. Y es que el sexo se ha convertido en un monstruo estadístico: "El promedio de las parejas realizan el acto sexual tres veces a la semana. ¡Oh, no! ¿Qué ocurre con nosotros, andamos equivocados en este terreno?" Un marido lamenta que su miembro viril sea "demasiado pequeño", mientras que una mujer compara su escaso busto con el de otras mujeres más hermosas. La cuestión es que "la libertad sexual" actual nos esclaviza y nos angustia.

Voy a hacer una proposición: Coloquemos al sexo en el lugar que verdaderamente le corresponde. Sabemos que es importante, pero no debe transformarse en nuestro amo y señor, ni nosotros en sus dependientes esclavos.

¿Cómo se siente una mujer que no se considera capaz de responder sexualmente al deseo de su marido?

Es verdad que ella conoce muy bien acerca de la explosión erótica que ha inundado todos nuestros medios sociales. Mientras su madre y su abuela podían ocultar sus inhibiciones sexuales tras los tabúes verbales de su época, hoy se le recuerda constantemente a la mujer fría o indiferente su incapacidad para disfrutar el sexo. Todos los medios de difusión masivos se encargan de llevarla a pensar que la humanidad entera se extasía con las orgías que practica a diario durante todo el año. Una mujer inhibida puede pensar que el resto del mundo vive en el valle de la líbido, en el bello pueblecito de la "Ardiente pasión", mientras que ella habita en el reparto solitario de "La congelación sensorial". La propaganda tan inaudita que se hace en torno a la gimnasia genital, crea enormes presiones emocionales con fatales consecuencias. ¡Es terrible sentirse en desventaja sexual, en una era de sensualidad universal!

La apatía sexual —que habita las habitaciones heladas donde conviven parejas insatisfechas y frustradas— tiende a autoperpetuarse. A no ser que cada orgasmo sea acompañado de fuegos artificiales, luces románticas y lluvia de estrellas, el temor a fracasar en el campo sexual comienza a corroer el cuerpo y el alma. Cada experiencia fallida obstaculiza la capacidad para relajarse y disfrutar de la siguiente relación. Esta experiencia somete a sus víctimas a una presión que se irá duplicando en los siguientes intentos que se lleven a cabo. Y es muy fácil constatar que esa reacción en cadena de ansiedades y fracasos, termina por ahogar hasta el más pequeño deseo que pudiera existir al principio de la relación. Más tarde, cuando ya el sexo pierde todo su poder para estimular el deseo de intimidad en la pareja, es que la mujer reprime una y otra vez sus grandes emociones creyendo que no va a poder responder a ellas sexualmente. Y comienza a sentirse fracasada como mujer y como esposa. En este punto se considera incapaz de retener a su marido, quien debe enfrentar los flirteos de otras mujeres, en el trabajo y en otros círculos y comienza a padecer todos esos complejos de culpa, que la conducen irreversiblemente a un deterioro de la estimación de sí misma en este proceso.

¿Cómo reacciona ella ante su incapacidad?

Lo más lamentable sobre los problemas sexuales es que son más difíciles de resolver en la medida que se van agravando o profundizando. Son escasas las personas que les agrada revelar sus defectos o fallas personales a personas desconocidas, y más aun si se trata de confidencias relacionadas con la vida sexual. ¿A qué persona puede recurrir una mujer (o un hombre) para buscar ayuda y consejo en esta cuestión tan delicada? El médico de la familia, o quizás un ginecólogo puedieran ser consultados en este caso, pero la capacidad de estos para tratar todos los aspectos de la sexualidad resulta limitada, debido a que sus investigaciones no abarcan esta especialidad. Es posible entonces que la paciente sea remitida a un siquiatra, pero esta idea asusta a muchas mujeres (y hombres). Existen entonces pocas alternativas: La persona afectada no puede ir a tocar la puerta de su vecino para que le diga el nombre de un buen terapeuta sexual, porque la verdad es que la mayoría de los terapeutas sexuales norteamericanos han sido clasificados como farsantes, charlatanes y curanderos. Un famoso terapeuta afirmó que menos de uno por ciento de las clínicas de terapia sexual existentes, funciona legalmente. No existe la posibilidad de que una mujer que se sienta inhibida se atreva a consultarlos. Está presa en sus problemas, que para ella no tienen solución. Por último, como se siente incomprendida, la gran presión emocional que padece puede producirles graves trastornos físicos.

Hace poco tiempo, en compañía del doctor David Hernández, obstetra y ginecólogo de la escuela de medicina de la

Universidad de Loma Linda, tratamos el tema de los trastornos físicos que conllevan la incapacidad sexual. A partir de la llamada "revolución sexual" el doctor Hernández ha observado el aumento de algunos desórdenes y malestares físicos. Su opinión es que muchos de sus pacientes se sienten presionados para llegar a alcanzar ciertos niveles de "rendimiento" en el lecho matrimonial, y que sufren toda clase de ansiedades por no ser capaces de lograr sus metas, lo que por supuesto afecta negativamente la salud física de sus pacientes, con el problema emocional que esto conlleva además. La presión emocional de este tipo conduce a las personas a ciertos problemas sicosomáticos, gastrointestinales, jaquecas, dolores de cabeza, presión arterial alta, cansancio y muchos más. El doctor Hernández asegura que estos problemas se presentan con mucha más frecuencia entre las personas que están batallando contra las deficiencias de su sexualidad. Yo estoy plenamente de acuerdo con él.

El doctor Hernández también comentó conmigo que muchas parejas se comprometen en relaciones sexuales por razones que Dios nunca tuvo en cuenta. La lista que el doctor me dio de estas razones ilícitas se las voy a dar a continuación:

1. Realizar el acto sexual es un deber matrimonial.

2. El sexo se utiliza para que nos recompense o nos asegure un favor.

3. El sexo representa un triunfo, una conquista.

4. Se utiliza para sustituir la comunicación verbal.

5. Puede ser utilizado para sobreponerse a sentimientos de inferioridad. Especialmente por los hombres que quieren probar su masculinidad.

6. El sexo se usa para obtener amor. Fundamentalmente lo hacen las mujeres que emplean sus cuerpos para atraer la atención de los hombres.

7. Es útil como defensa contra la ansiedad y la tensión emocional.

8. El sexo se emplea para manipular al cónyuge.

9. También se utiliza para jactarse ante los demás.

Este listado de razones que nada tienen que ver con el amor para realizar el acto sexual le restan significado al mismo, y lo transforman en un juego sexual frívolo y frustrante. Ciertamente, la relación sexual matrimonial debe proveer placer, pero además es la mejor vía que disponemos para comunicar un profundo compromiso espiritual. Y, evidentemente, las mujeres son mucho más sensibles a esta necesidad.

¿Qué pueden hacer los maridos para ayudar a sus mujeres?
Es incuestionable que el hombre puede ayudar en gran medida a la felicidad de su mujer, al mismo tiempo que aumenta la suya propia, aun en aquellos casos donde el apetito sexual es el punto más débil de la relación. Aunque le cueste trabajo creerlo, el matrimonio puede disfrutar de una vida sexual satisfactoria, en estos casos, si el marido sabe conducir la situación con sabiduría. A continuación revelo algunas claves de la sexualidad femenina que el marido debe conocer para lograr buenos resultados en aquellas situaciones donde el aspecto físico sufre de ciertas inhibiciones.

1. Primeramente, en estos casos el preludio romántico antes del acto sexual debe ser doblemente más importante que cualquier otro elemento. Si el esposo está demasiado ocupado o cansado para tratar a su esposa con gentileza antes del acto sexual, entonces no puede esperar que ella exhiba grandes deseos, o que logre mucho placer con la relación íntima. Ella podrá satisfacer las necesidades de su esposo en un acto de amor y de ternura, pero su pasión no aumentará más allá de esto. Para el tipo de mujeres denominadas como "inhibidas" en nuestra gráfica, el único camino que puede conducirlas a la excitación sexual es la seguridad de que son amadas y apreciadas. Este hecho innegable explica la gran vinculación que encontramos en nuestro cuestionario entre "los problemas sexuales matrimoniales y la ausencia de amor romántico" dentro del mismo. Cuando uno de ellos ocupa un

alto porcentaje en esa encuesta, el otro le seguía pisándole los talones, casi sin excepción.

2. Segundo, un esposo debe saber que algunas mujeres pueden lograr cierto disfrute en la relación sexual aunque no lleguen a un orgasmo completo. Muchas de ellas pueden participar plenamente del acto sexual y lograr satisfacerse, sin necesidad de convulsionarse al llegar al clímax del mismo. (Otra clase de mujeres con temperamentos más sensuales, se sentirán frustradas grandemente si no logran liberar la tensión y la presión vascular durante el acto sexual). La cuestión es que los maridos no exijan de sus mujeres que experimenten orgasmos, y mucho menos que alcancen su clímax simultáneamente con ellos. Tratar o exigir esto de este tipo de mujer es poner a la esposa en un conflicto sin solución. Cuando el marido insiste en que su mujer sienta el orgasmo al mismo tiempo que él eyacula, como parte de su propio placer masculino, entonces ella tiene tres opciones a elegir:

- Puede perder el interés sexual como suele ocurrir con cualquier actividad en la que uno fracasa constantemente.

- Puede tratar, tratar, tratar... y después echarse a llorar.

- Lo puede "fingir". Cuando una mujer comienza a mentir en su lecho matrimonial, ya no tendrá oportunidad de echarse atrás. A partir de ese momento tendrá que hacerle ver a su marido que anda por el cosmos del placer, cuando realmente la nave espacial ni siquiera ha encendido sus motores.

3. Tercero. Quizás lo peor que puede hacer un marido que se encuentre en este caso es sepultar este problema en la tumba del silencio.

Cuando la relación ha perdido su interés y la ansiedad ha comenzado a acumularse entre ambos cónyuges, entonces se tiende a ignorar toda referencia al problema en sus conversaciones diarias. Ninguno de los dos sabe que conducta asumir y, tácitamente, tratan de ignorar el problema. Ni siquiera cuando realizan el acto sexual hablan el uno con el otro. Parece increíble que una mujer "inhibida" y su marido tengan relaciones sexuales dos o tres veces por semana, durante años, sin que ninguno de los dos exprese sus verdaderos sentimientos y frustraciones en un aspecto tan importante de la vida. Cuando ocurre semejante situación es lo mismo que si uno cogiera una botella de Coca Cola y la sacudiera hasta que ésta termine por explotar. Recuerden esto, lectores, existe una ley sicológica que nos enseña que la ansiedad o el pensamiento que no puede ser expresado se transforma en una fuente generadora de tensiones internas y de agotamiento. La persona más callada es la que acumula más tensiones. Y el silencio cargado de ansiedad, como ya dijimos con anterioridad, conduce a la muerte del deseo sexual.

Cuando el tema del sexo se convierte en algo prohibido en la conversación de la pareja, también el acto sexual se transforma en sí mismo, en un autoexamen, donde cada participante del mismo piensa que está siendo evaluado por el otro. Para destruir estas murallas de incomunicación, los maridos deberán tratar de abrir "las válvulas de escape" de sus mujeres. Esto significa que ellas logren hablar sinceramente de sus sentimientos, sus temores y sus deseos. Podrán hablar de las técnicas y las fórmulas que pueden emplearse para estimular el deseo sexual y de lo que no funciona para conseguir la excitación apropiada. Y tendrán que hacerle frente a sus problemas con objetividad y tranquilamente como corresponde a personas maduras y adultas. Cuando uno puede hablar de esa forma, entonces ocurre algo verdaderamente milagroso, porque la tensión y la ansiedad se reducen al máximo cuando pueden expresarse libremente. A todos los hombres del mundo les digo una sola palabra: Inténtenlo.

4. En cuarto lugar: Los maridos pueden aumentar la sexualidad en sus mujeres poco apasionadas

Existe una manera por medio de la cual los maridos pueden aumentar la sexualidad de sus mujeres poco apasionadas, y es la aplicación de las técnicas que se han descubierto para acrecentar el placer durante el acto sexual. Además, hay que tener en cuenta el lugar donde realicemos nuestra relación íntima. Las mujeres se distraen más que los hombres y son más sensibles también a los olores y a los ruidos que nosotros. Les afecta pensar que puedan ser escuchadas por los niños. Y son muy suceptibles a la variedad, la forma y las circunstancias en las que se realiza el acto sexual. De acuerdo a lo que ellas plantean en el consultorio de consejería matrimonial, como causa de inhibición podemos señalar la falta de aseo personal en sus esposos. Un hombre que trabaja en la construcción, o como mecánico de automóviles o en una estación de servicio puede excitarse por cualquier motivo durante el día y sentir deseos de regresar cuanto antes a la casa, para tener relaciones sexuales con su mujer. Pero puede llegar a la casa sucio, transpirando malos olores y con necesidad de una buena cepillada de dientes. Además, las manos callosas y las uñas largas pueden lastimar la suave y sensible piel de su mujer. Todas estas cosas pueden paralizar la sexualidad de una mujer y hacen que su marido se siente rechazado y, por ende, amargado.

Es cierto también, que la espontaneidad puede ser perfecta en el lecho matrimonial, pero con frecuencia, con una mujer poco apasionada resulta un fracaso, si no se ha efectuado una preparación adecuada antes del acto sexual. Generalmente, pienso que las actividades sexuales deben ser planeadas con anticipación, para lograr la mayor satisfacción en las mismas. Le puedo sugerir a un hombre que se sienta poco satisfecho con su vida sexual que llame a un hotel cercano a su casa y haga una reservación para una noche. Pero no haga comentarios sobre ello. Busque discretamente a alguien que quiera quedarse con los niños una noche hasta la mañana siguiente. Después que todo esté listo, invite a cenar afuera a su esposa, y después de la cena, condúzcala hacia el hotel, sin pasar antes por la casa y sin comunicarle sus planes a ella. La sorpresa y la novedad deben estar reservadas hasta el último instante. Una vez en el hotel, con flores en la mesita de noche y todas las hormonas funcionando a la vez, el amor y la intimidad se encargarán de dar las últimas instrucciones. Lo que trato de enfatizar es que la excitación sexual adecuada, exige un mínimo de creatividad en ambos cónyuges, especialmente en los casos en que se evidencia la falta de interés hacia las relaciones íntimas, por parte de la mujer. Existe una creencia generalizada, por ejemplo, que los hombres son fundamentalmente activos y las mujeres fundamentalmente pasivas. Nada más lejos de la verdad. La libertad de expresar espontáneamente la pasión que sentimos por la persona amada es esencial para poder disfrutar nuestras relaciones sexuales con ella. Pero cuando hacemos el amor en la misma cama vieja, en la misma posición y dentro de las mismas cuatro paredes, sin querer darnos cuenta se convertirá en pura rutina. Y las relaciones sexuales rutinarias se convierten en relaciones sexuales aburridas. Un doctor apellidado Schwab, explica los problemas que puede experimentar una mujer que se disponga a desempeñar las tres funciones especiales que se exigen de ella:

- Debe ser una eficiente ama de casa.

- Debe ser la amante de su marido, siempre dispuesta a complacerlo.

- Y debe ser una madre ejemplar para sus hijos.

Imagínense ustedes: una eficiente ama de casa, que mantiene su hogar en óptimas condiciones y atiende las necesidades de su familia; debe transformarse en una mujer seductora que estimule a su marido en todo momento, para llevarlo a la cama a disfrutar los deleites sexuales con mucho entusiasmo. Y como si estos dos papeles ya no fueran en sí mismos contradictorios, también debe ser un ejemplo en todo para sus hijos.

Además, está obligada a cambiar sus funciones en un intervalo muy corto de tiempo. Así que cuando su marido desee tenerla para su exclusivo placer, tendrá que apartarla de sus funciones como madre y ama de casa.

A esta altura alguien pudiera preguntarse: "Pero mientras acuesto a los niños, saco el gato para el patio, desconecto el teléfono... ¿quién aguanta los deseos? Me parece que es una buena pregunta.

5. Otro factor que puede causar inhibición sexual en la mujer es el cansancio y los esposos tienen que comprenderlo.

El agotamiento físico y mental desempeña un rol determinante en la capacidad de responder al deseo sexual de la pareja o no. Para una madre que ha tenido que batallar todo el día con los muchachos, sobre todo si son niños pequeños que la reclaman todo el tiempo, llegar a la noche debe ser equivalente a sentir agotamiento y deseos de dormir. Cuando por último se derrumba en la cama, el sexo en ese momento representará para ella más una obligación que un placer. Es la "última tarea" que deberá realizar en el día. Una buena relación exige una buena dosis de energía física, y ese momento esa energía suele estar agotada por todas las actividades realizadas durante el día. A pesar de ello, es precisamente la relación sexual la que está programada para concluir el día.

Si todos sabemos que el sexo es algo muy importante dentro del matrimonio, entonces deberíamos elegir un lugar y una forma especiales para realizar el acto sexual y que nos pueda llenar de satisfacción. Las tareas del día podrían terminar más temprano; esto permitiría que la pareja se retirara a descansar antes de sentirse agotados por las ocupaciones domésticas interminables. No olvide esto: cualquier cosa que usted decida hacer al finalizar todas sus actividades diarias posiblemente no la haga bien. Por eso muchas parejas no deberían escoger precisamente esa hora para tener relaciones sexuales.

Estoy seguro que muchos de ustedes habrán leído el libro "Lo que usted siempre quiso saber acerca del sexo y no se animó a preguntar" del doctor David Reuben. Después de analizar las innumerables inhibiciones producidas por el agotamiento, pienso que Reuben podría haber titulado su libro "Lo que siempre usted deseó conocer sobre el sexo, pero se sentía demasiado agotado para preguntarlo".

6. La autoestima y la capacidad para disfrutar el placer sexual

Por último, voy a dedicar este espacio a analizar la relación que existe entre la autoestima y la capacidad para disfrutar el placer sexual. Al comenzar este libro señalé que cada una de las fuentes de la depresión se encuentran vinculadas unas a las otras. Y en verdad, esto se evidencia claramente respecto a la conexión especial que se halla entre la dignidad personal y la habilidad para responder al estímulo erótico. Por ejemplo, una mujer que se siente poco atractiva y que se avergüenza por su figura, realizará el acto sexual con muestras de inhibición y timidez. Ella sabe que es imposible maquillar unas piernas de cuarenta años y estas ideas impedirán su espontaneidad sexual. En los seres humanos, y particularmente en la mujer, el sexo se encuentra inseparablemente unido a su naturaleza sicológica. De manera que la persona que se siente tímida, avergonzada e inferior al resto de sus semejantes, proyectará su sexualidad de igual manera. Por el contrario, la persona segura de sí misma, estable y sana emocionalmente reflejará estas características en una vida sexual plena. Por todo ello, un marido inteligente conocerá que todo lo que tienda a aumentar la estimación de su esposa redundará en beneficio de sus relaciones sexuales y de su vida, en general, con ella. Si él la ridiculiza por tener pequeños los senos, o por cualquier defecto físico que encuentre en ella, aun cuando lo haga en forma humorística, afectará su autoestima y esto se reflejará más tarde en el acto sexual. Cada broma, cada palabra de menosprecio que se refiera a ella, con toda certeza repercutirá en su relación física. Nuestra conducta sexual, en este aspecto, se diferencia absolutamente del comportamiento mecánico de los animales. Las consecuencias emocionales que sufren las personas motivadas por una conducta errónea no pueden ser negadas, ni eliminadas.

Podríamos y deberíamos señalar muchas cosas más respecto a las relaciones sexuales, pero nos vemos limitados por razones de espacio y de tiempo. Quizás la sección de preguntas y respuestas que incluímos a continuación, nos permita añadir otros temas para su consideración.

Preguntas y respuestas

Pregunta: ¿Podría mencionar cuáles son los problemas matrimoniales que tienen su causa en las dificultades sexuales?

Respuesta: No puedo. Pues sería más correcto decir lo contrario. Muchos problemas sexuales de la pareja tienen su origen en los problemas matrimoniales. O para decirlo con otras palabras: Los problemas que el matrimonio enfrenta a la hora de hacer el amor, están provocados por conflictos que se originan fuera del lecho marital.

Pregunta: ¿No es posible evitar que el deseo sexual disminuya a los 50, 60 o 70 años de edad?

Respuesta: Ciertamente no existe una causa orgánica que origine la disminución del deseo sexual en los hombres y mujeres de esa edad. El apetito sexual está en dependencia de un estado mental positivo y de una actitud emocional favorable más que de un factor cronológico. Si una mujer se ve a sí misma vieja y fea perderá su interés sexual debido a su actitud, no importa la edad que tenga. Pues desde el punto de vista físico la menopausia de los hombres y las mujeres no determinan su apatía sexual. Todo esto es un mito o razones secundarias que no tienen nada que ver con la edad.

Pregunta: Tengo entendido que el fracaso de algunas mujeres en su satisfacción sexual se debe a una debilidad en la estructura muscular pelviana. ¿Es cierto eso? ¿Qué se puede hacer para corregir este problema?

Respuesta: Arnold Kegel, un doctor que fue profesor de Obstetricia y Ginecología de la Escuela de Medicina de la Universidad de California, pudo acumular suficientes evidencia para probar que muchas mujeres que se sentían inhibidas en sus relaciones sexuales tenían músculos pelvianos flácidos. El doctor Arnold se limitó a recomendar una serie de ejercicios especiales para tonificar esos músculos y logró notables resultados, sobre todo en mujeres que nunca habían experimentado el orgasmo. Por supuesto que existen otras causas que determinan un mal funcionamiento en la esfera sexual. A las mujeres que les interese conocer más sobre este tema les recomiendo que lean el libro "El acto matrimonial" escrito por Tim LaHaye.

Pregunta: Al aceptar el hecho de que el hombre y la mujer experimentan apetitos sexuales diferentes, ¿podríamos afirmar que esa es la razón por la cual ellos se enredan en aventuras fuera del matrimonio?

Respuesta: Podemos afirmar que sí, pues los hombres se sienten más interesados en la excitación que les provoca la relación sexual, mientras que las mujeres son más motivadas por el aspecto romántico y emocional de esta clase de relación. Cuando la esposa no lo estimula adecuadamente antes de hacer el amor, el hombre va perdiendo interés en el acto sexual, y entonces la mujer se siente afligida por esta actitud que la atribuye a su incapacidad para disfrutar plenamente el sexo. Alguien dijo que el hombre ama a su mujer en la medida de lo desconocida y misteriosa que resulte para él. Aunque la palabra "amor" esté fuera de contexto en esa frase es innegable que existe algo de verdad en ella.

Pregunta: Usted nos ha dicho que las parejas heterosexuales son muy diferentes entre sí, no sólo en lo referente a las influencias culturales que puedan padecer, sino fundamentalmente en el aspecto sicológico. ¿Podría añadir alguna información al respecto así como de las consecuencias que se pueden derivar de estas diferencias?

Respuesta: El fundador del "Instituto de relaciones familiares norteamericanos", en Los Ángeles, doctor Paul Popenoe, ha escrito un breve artículo precisamente sobre el tema que usted pregunta. Voy a dejar que sea él quien responda a su pregunta relativa a las diferencias femeninas.

Uno de los aspectos que menos se aceptan del movimiento de liberación femenino es su intención de restar importancia a la diferencia que existe entre los dos sexos. El tema fundamental de este debate, o mejor dicho de sus afirmaciones, es que esas diferencias —si son ciertas— son las consecuencias de la educación deficiente o del entrenamiento discriminativo que reciben las mujeres, pero que de ninguna manera pueden considerarse básicas para marcar las diferencias señaladas. Debido a que algunas de esas diferencias, aun si fueran consecuencia de la deficiente educación o el mal entrenamiento recibido por las mujeres, han permanecido durante un millón de años o más en nuestras culturas, sería verdaderamente increíble que a estas alturas, no estuvieran profundamente fijadas en las mentes de los hombres y las mujeres de todo el orbe. Pero lo que sí es un hecho incuestionable —digan lo que digan estas feministas— es que los sexos masculino y femenino son completamente opuestos en características que no están sometidas a cambio, tanto anatómicas como sicológicas. Y es un grave error tratar de ignorarlas o querer eliminarlas mediante argumentos que no responden a la verdad.

Tomemos una diferencia notable entre hombres y mujeres que no es consecuencia, por cierto, de una educación limitada y un entrenamiento equivocado Me refiero a la menstruación femenina. David

Levy logró demostrar que la profundidad del instinto maternal en la mujer, sus sentimientos y la intensidad de los mismos están relacionados con la duración de su período menstrual y con la cantidad de flujo que este proceso conlleva. Los profundos cambios que ocurren en sus glándulas de secreción interna, también influyen en su conducta marcando una evidente diferencia respecto a la conducta masculina. Se hizo una investigación en relación con esta función femenina y se encontró que en un grupo bastante grande de mujeres parturientas dieciocho por ciento estaría menstruando en ese momento. En contraste con esa estadística, las autopsias de mujeres suicidas pusieron en evidencia que hasta sesenta por ciento de ellas estaba menstruando cuando se suicidaron.

En "El sídrome premenstrual" la doctora Khaterina Dalton, resumió una serie de investigaciones acerca de los cambios de conducta revelando que una gran cantidad de crímenes cometido por mujeres (sesenta y tres por ciento en Inglaterra, y ochenta y cuatro por ciento en Francia), no fueron realizados en cualquier momento, sino que se hallan agrupados precisamente en la época de la menstruación de las homicidas. También se agrupan bajo ese ciclo menstrual suicidios, accidentes, disminución de la capacidad para el estudio; baja puntuación en las pruebas de inteligencia, en la capacidad visual y en la habilidad para responder. La doctora Dalton calculó también que el ausentismo por problemas menstruales costó al gobierno de los Estados Unidos en un año, aproximadamente cinco billones de dólares. Pero los accidentes, el ausentismo y los conflictos domésticos debidos al "sindrome menstrual femenino" nos afectan a todos en diversas circunstancias. Se podría llenar un libro estableciendo las diferencias biológicas que presentan ambos sexos, y que son sumamente importantes para la vida cotidiana, de una manera u otra. Y tales diferencias no son consecuencia de la educación deficiente ni del entrenamiento discriminativo. Vamos a señalar algunas:

1. Los hombres y las mujeres son diferentes en todas las células de su cuerpo. Esta diferencia en la combinación cromosomática es la que determina el desarrollo hacia la masculinidad o feminidad, según sea el caso.

2. Quizás por esta diferencia cromosomática, la mujer posee una gran vitalidad en su constitución. En los Estados Unidos el promedio de vida femenino sobrepasa en 3 o 4 años al masculino.

3. Los sexos masculino y femenino también se diferencian en el metabolismo basal. Generalmente, el de la mujer es más bajo que el del hombre.

4. Además, los sexos se diferencian en la estructura ósea. Las mujeres poseen cabezas más pequeñas que las de los hombres. Sus caras son más anchas y las barbas menos prominentes que las del sexo opuesto. También las piernas son más cortas y el tronco más largo. Por lo general, el primer dedo de la mano femenina, es más largo que el tercero. Lo contrario ocurre en el sexo masculino. Los dientes de los niños duran más tiempo que los de las niñas.

5. Otra diferencia notable entre ambos sexos es que la mujer tiene el estómago, los riñones, el hígado y el apéndice más grande que el hombre, pero tiene los pulmones más pequeños.

6. En cuanto a sus funciones orgánicas, la mujer posee algunas totalmente desconocidas para el hombre, como son la menstruación, el embarazo y la lactancia. Todas estas funciones influyen sobre sus sentimientos y su conducta. Las mujeres poseen hormonas diferentes a las de los hombres. Las mismas

glándulas actúan de diversas maneras en cada sexo, de manera que la tiroides femenina es mucho más grande y más activa que la del hombre. La tiroides femenina también aumenta durante el embarazo y la menstruación, pero también hace a la mujer más propensa al bocio y le da más resistencia al frío, así como conserva la piel de la mujer más suave, el cuerpo ausente de vellos y le proporciona una capa subcutánea cuando se trata de grasa. Cuando hablamos de belleza personal se conjugan todos estos elementos mencionados. Pero, además, la función hormonal femenina contribuye a su inestabilidad emocional. Ella puede reír o llorar con más facilidad que el hombre.

7. La sangre femenina contiene más agua (veinte por ciento menos de glóbulos rojos) que la masculina. Los glóbulos rojos proveen de oxígeno a las células del cuerpo, al poseer veinte por ciento menos de ellos, las mujeres se cansan con más facilidad que el hombre y es más propensa a los desmayos. La fortaleza constitucional femenina no es de largo alcance. Durante la segunda guerra mundial, se incrementó el horario de trabajo de 10 a 12 horas en las fábricas de Inglaterra, donde trabajaban muchas mujeres. A partir de entonces los accidentes femeninos aumentaron hasta ciento cincuenta por ciento dentro de las fábricas, mientras que los accidentes masculinos no.

8. Los hombres superan a las mujeres en fuerza bruta.

9. El corazón femenino late más rápidamente que el masculino (80 veces por minuto contra 72 por minuto en los hombres). La presión sanguínea es más baja (10 puntos menos que los hombres), varía de minuto a minuto, y es menos propensa a la presión alta, por lo menos hasta antes de la menopausia.

10 La capacidad respiratoria o vital es menor en proporción de 7 a 10.

11 El metabolismo femenino baja menos que el masculino, por eso soportan mejor que los hombres las altas temperaturas.

Pregunta: Me gustaría sentirme totalmente libre para poder hacer cualquier cosa. Creo que mi conducta no tiene por qué afectar a los demás.

Respuesta: Usted no puede realizar algo que no tenga alguna repercusión sobre los demás. Para demostrar esto le sugiero que respire profundamente y retenga el aire. Ese aire inhalado por usted contiene por los menos tres átomos de nitrógeno que igualmente fue inhalado por cada ser humano que ha existido. Hablando literalmente, una cantidad de ese mismo aire ha estado en los pulmones de Jesucristo, Abraham Lincoln, Leonardo da Vinci y Spiro T. Agnew. Efectivamente, cuando usted respira al menos tres átomos de nitrógeno fueron inhalados por los dinosaurios prehistóricos. Cada ser humano se interrelaciona con los demás seres de la tierra, y la más pequeña acción que realizamos puede tener consecuencias a través de las edades.

Déjeme ejemplificar esta interacción aun más. Vamos a suponer que en el año 1500 una pareja disfrutó unas relaciones sexuales al parecer poco significativas, pero esto les trajo como consecuencia el nacimiento de un hijo. Si esa concepción hubiese demorado al menos cinco minutos, el espermatozoide que fecundó el óvulo de la madre hubiera sido totalmente diferente, de modo que el niño nacido de esa unión hubiera sido otro muy distinto, debido a esos minutos de interferencia. Existe cincuenta por ciento de probabilidades de que el sexo hubiese sido el mismo, pero también hay otro cincuenta por ciento de posibilidades de que hubiese cambiado. Así que la influencia de esa criatura concebida anteriormente habría sido desplazada por la que fue engendrada cinco minutos después, y esa influencia se multiplicaría durante todos los días de su existencia. ¿Cuántas breves concepciones hubiesen podido ser reemplazadas en un período de 70 años? Sería imposible calcularlo, pero el impacto ocurrido por causa de aquel acto a través de los siglos, habría desarrollado una población humana absolutamente distinta a la que conocemos. Por un momento piense en lo diferente que hubiera sido el mundo si un ser engendrado que se llamó Hitler, el tiránico dictador, hubiera sido reemplazado por un hermano lleno de bondad y sabiduría.

Resumiendo: es absurdamente ingenuo pensar que una persona pueda hacer algo que no repercuta en los demás seres que la rodean, y como si fuera poco, a todos los habitantes de la tierra. Debido a ello, rechazo con mucho enojo el tonto estribillo que refleja la cultura separatista en que vivimos: "Si te parece que es bueno, hazlo".

Pregunta: Cada día me siento más preocupado por los programas de televisión que entran a mi hogar. ¿Podría decir algo acerca del impacto televisivo que afecta a nuestra sociedad?

Respuesta: La televisión posee el enorme poder de influenciar todas las esferas de nuestras vidas, desde las opiniones hacia los políticos, hasta nuestra conducta en los actos cotidianos. ¿Se ha dado cuenta que la televisión aun influencia hasta los momentos en que debemos ir al baño y el tipo de jabón que debemos usar al ducharnos? Me atrevería a asegurar que el momento preciso en que pasan tales comerciales, los hombres que trabajan en las alcantarillas de las grandes ciudades lo pueden determinar por el aumento de flujo de agua que reciben las cañerías en ese instante. Este es un ejemplo evidente del poder que ejerce la televisión en nuestra conducta diaria.

Este poder de la televisión si se corrompe puede ser peligrosísimo para nuestras vidas. Ya resulta alarmante la obsesiva presentación de robos, actos de violencia de todo tipo, homosexualidad, abusos sexuales, rapiña y aberraciones de todo tipo que aparecen en este medio masivo de comunicación y que contribuye a perpetuar esos males en nuestra sociedad. Lo que más me preocupa y molesta, es el metódico ataque que lanza la televisión a los valores de la familia tradicional, al ser ridiculizada y hostigada todas las noches del año. "El show Mer Griffin" es uno de esos programas televisivos que, sistemáticamente, parece estar dedicado a la destrucción del matrimonio como institución. Mi disgusto constante por este hecho, me condujo a escribirle una carta al director del programa, el 17 de diciembre de 1974:

Sr. Mer Griffin.
1735 Vine Street
Hollwood, California 90028

Estimado Sr. Griffin:
    Después de ver su programa televisivo durante los últimos cuatro años, no puedo continuar quedándome callado acerca de un asunto que resulta vital para mí y que me produce una gran preocupación. Cada noche, durante todos estos años, su programa se ha dedicado sistemáticamente a destruir y desmembrar la familia norteamericana tradicional. Usted y sus invitados han atacado constantemente al matrimonio como baluarte de la fidelidad sexual, la atención de los padres hacia los niños y todos los factores que contribuyen al éxito familiar. El hecho de que en muy pocos casos usted ha permitido que se exponga el punto de vista contrario a tales enunciados es mucho más importante.
    Mis afirmaciones se hallan ilustradas por los comentarios que se hicieron en un programa típico que salió al aire el día 9 de diciembre de 1974 en la ciudad de Los Ángeles. El mencionado programa se limitó a lanzar dos horas de veneno ininterrumpido. A continuación le cito algunos ejemplos:
Su primer invitado, el señor John Byner, dijo que se había divorciado hacía nueve años, y que se vio

precisado a criar a sus dos hijos él solo. Añadió que este hecho había sido muy beneficioso para él.

La siguiente invitada, Pamela Mason, apareció en escena afirmando que estaba absolutamente opuesta a la institución del matrimonio. Ella expresó lo siguiente: "Es un papel que cuesta dos dólares y que te entrega el gobierno, donde tratan de imponerte la persona con quien debes acostarte". Tanbién expresó que había estado casada durante treinta años con James Mason y que lo había engañado al menos en cinco ocasiones. También dijo que reconocería su voz si él la llamara en la actualidad por teléfono. Esta invitada terminó su intervención televisiva expresando que el problema actual de la humanidad es que aún queda mucho fervor religioso. "Necesitamos librarnos de eso", afirmó.

Más tarde volvió a aparecer ante las cámaras cantando una canción sobre la inestabilidad de las relaciones en la pareja, titulada: "Todo es permitido en el amor".

La siguiente invitada fue Carole Cook. Cuando se discutió el tema de la infidelidad sexual ella confesó: "Yo soy pura como el lodo". Usted y la señora Mason le preguntaron sobre su matrimonio con un hombre divorciado, no sin antes asegurarle, en tono sarcástico, que "estaba viviendo en pecado mortal". Ella les respondió sin el menor recato. "¡Oh!, qué bien. Eso me encanta". (Mientras la audiencia se reía a carcajadas). Después ella comentó que el asunto del matrimonio no le importaba mucho, porque eso obligaba a "tener que contarle al cónyuge todas las cosas que hacía y tener que responder por la conducta seguida".

A este grupo después se añadió Rubin Carson. Lo que agregó a los anteriores comentarios fue que estaba trabajando en una película que tenía como argumento "el matrimonio abierto" y sobre la posibilidad de eliminar la fidelidad en la pareja matrimonial. Añadió que se había casado tres veces y que prefería el divorcio a la infidelidad. Después informó que estaba escribiendo un libro titulado: "El sexo es una manera común de decir: ¡hola!".

De esta manera, durante dos horas, se inoculó esta destructiva propaganda, capaz de corrompernos, en las venas de los hogares norteamericanos. Si no somos capaces de reconocer al caballo de Troya, lleno de enemigos, usted habrá logrado invadir nuestros hogares con esa perniciosa filosofía, camuflada con mucho cuidado con humor y grandes dosis de entretenimiento. ¿Cuántos adolescentes que vieron su programa aquel día habrán comenzado a comparar sus propios valores con las necedades expresadas por sus invitados? (Esos jóvenes están oyendo esas ideas constantemente a diario.) ¿Cuántas esposas encuentran en tales falacias el estímulo que necesitan para abandonar sus obligaciones en el hogar? ¿Cuántos esposos, mientras dura su programa, hacen la decisión de experimentar esa relación adúltera que se les ha venido ofreciendo y que habían evitado hasta ese momento? ¿Cuántos niños, al pasar algunos años más, lo culparán de haber distorsionado la estabilidad emocional en que basaban sus vidas, hasta el momento de escucharlo a usted? No puedo darle las respuestas en términos estadísticos, pero sí puedo asegurarle que usted y sus amigos están destruyendo sistemáticamente los cimientos de la familia humana. Y cuando esta se desintegre en su totalidad, usted será destruido también, al igual que el resto de nuestra sociedad.

Soy solamente una voz, en medio de tantos coros que aseguran lo contrario, pero haré todo lo que esté a mi alcance para hacerme escuchar en este asunto. Al menos, espero convencerlo a usted, para que dé la oportunidad a otras personas de presentar otro punto de vista acerca del matrimonio y la familia.

Sinceramente,
James C. Dobson
Doctor en Medicina.
Profesor Adjunto de Pediatría,
Escuela de Medicina,
Universidad de California.

Copias de esta carta fueron enviadas a la "Comisión federal de comunicaciones" y al señor John F. Kluge, presidente de Metromedia. Ni el señor Griffin, ni el señor Kluge respondieron mi carta. La "Comisión federal de comunicaciones" me envió una explicación impresa señalándome que no podían impedir la libertad de expresión. Y el problema continúa.

La característica de "intocable" que posee la televisión hace que su influencia devastadora actúe con más fuerza en nuestra sociedad. En la historia de la humanidad jamás existió antes una fuerza comparable a esta, por el poder que ejerce para cambiar las vidas y los valores sociales y tradicionales de la sociedad humana en tan breve tiempo. Uno de sus principales objetivos ya lo hemos mencionado. El televidente es constantemente bombardeado con el tema de la familia. Está incluido en todos los estilos existentes: el drama, la comedia, la prensa televisiva, etcétera. En cada nuevo programa que aparece y hasta en los shows nocturnos, está presente. La campaña, tan cuidadosamente preparada, está dirigida a trasnsformar el papel de la mujer en los Estados Unidos. Un simple mensaje está siendo difundido en todas las formas posibles de la creatividad humana: "Si usted se encuentra en la casa cuidando niños, está siendo subestimada, lastimada y explotada como ser humano. ¿Por qué no le da sentido a su vida formando parte del mundo de los negocios, junto a las demás mujeres que lo han hecho? Para promover esta idea con más efectividad, se presentan mujeres policías, cirujanas, periodistas, editoras, o cualquier otra cosa, menos amas de casas y madres.

Ciertamente, no existe nada censurable en que una mujer escoja ser cirujana o editora literaria como sus auténticas profesiones, lo que sí yo rechazo es el mensaje que subyace en esta promoción de que la maternidad y las labores del hogar, son una afrenta a la dignidad humana. Es también motivo de irritación la actitud poco sincera de los anunciadores que catalogan sus programas como entretenimiento, cuando su objetivo principal es cambiar la estructura del hogar norteamericano.

¿Qué se puede hacer para contrarrestar esta fuerza poderosa sin la ayuda de la mayoría que permanece en silencio? Es muy difícil poder contestar esta pregunta. Encontré un buen ejemplo sobre la parcialidad de los medios de comunicación masivos, en un viaje que di el mes pasado de Phoenix a Los Ángeles, sentado junto a una doctora. Esta médico trabajaba para "La asociación del derecho a la vida", que se opone a la práctica indiscriminada de abortos. (En 1974, se efectuaron 900.000 abortos reconocidos en los Estados Unidos). Durante el viaje, ella me expresó su gran preocupación por la censura ejercida en todos los medios de comunicación masivos, contra las opiniones que no estaban de acuerdo con el aborto. En los primeros meses de ese año se organizó una marcha en donde se reunieron 50.000 mujeres en Washington D.C., que llevaban carteles y repartían literatura en defensa de la ley de "Respeto a la vida". Las revistas como "Time" y "Newsweek" enviaron sus reporteros para cubrir el evento, así como también lo hicieron las cadenas de televisión y radio. Pero, hasta este momento, ninguna de esas fuerzas poderosas de los medios masivos de difusión ha mencionado una sola palabra sobre la realización de este evento. Las líderes de la marcha escucharon el comentario de que el evento no era "noticia". No obstante, la siguiente semana, menos de 20 representantes del movimiento pro aborto, también realizaron una marcha en Washington, y sus palabras y actividades fueron transmitidas a toda la nación esa misma noche. La doctora me dijo que este hecho tipificaba claramente la enorme barrera para la promoción que enfrenta constantemente la organización a la que pertenece.

Me gustaría proponer una solución a esta parcialidad que muestran de manera tan evidente, los medios de difusión masivos. A pesar de que no dispongo del tiempo ni de los recursos necesarios para llevarla a cabo, quizás alguno de mis lectores pudiera dedicarse a ello. Necesitamos con toda urgencia una oficina central que pueda reunir y archivar las opiniones colectivas. En vez de escribir a una persona determinada que trabaje en medios de comunicación masivos, como yo lo hice, muestras opiniones deberían ser dirigidas a una oficina de coordinación que más tarde podría transmitir nuestras opiniones a los ejecutivos que no tienen en cuenta a las voces individuales. Se trata de hacer números. Si la mencionada oficina recibiera 100.000 cartas que protestan en contra de un programa específico, el poder de estas opiniones sería un millón de veces mayor que el de algunas cartas aisladas que dijeran lo mismo. Se podían hacer más cosas aún. Por ejemplo, a los patrocinadores de este tipo de programas se les puede amenazar diciéndoles que sus productos no van a ser consumidos por una inmensa cantidad de personas si continúan patrocinando esa clase de programas. Por otra parte, el servicio de coordinación también puede ofrecer apoyo y reconocimiento a los programas constructivos que se lo merezcan. Este servicio podría mantenerse a base de contribuciones no mayores de cinco dólares al año, de todos aquellos que en la actualidad no contamos con representación en los medios masivos de comunicación. Además, recibiría el apoyo de las iglesias y otro tipo de organizaciones que defienden la familia y desean conservarla. Como ninguno de nosotros posee algún sistema para viabilizar nuestras opiniones colectivas, los ejecutivos de la televisión cuentan con el poder de invadir nuestros hogares con sus ideas perniciosas durante todo el año y nosotros nos hallamos sin defensa alguna ante ellos.

Pregunta: De acuerdo a sus comentarios respecto al lugar que ocupa la mujer, yo opino que la discriminación ahora se ejerce a la inversa, ya que las mujeres han sido reconocidas como superiores a los hombres. ¿Qué opina usted sobre esto?

Respuesta: Actualmente, la imagen femenina que se está transmitiendo por todos los medios masivos de difusión, es una combinación absurda de fantasía exagerada y de propaganda feminista mal intencionada. Ellas pasean por la ciudad en magníficos autos deportivos, mientras ellos las observan sentados tranquilamente, pero mordiéndose las uñas en señal de ansiedad. Ese tipo de mujer que se nos muestra, posee una gran dosis de confianza en sí misma, debido a una contundente razón: ella puede desarmar rápidamente a cualquier hombre con un buen golpe de karate, o una patada a los mismísimos dientes. Esta mujer vive armada de una pistola mortífera y practica la mayoría de los deportes como una profesional. Su lenguaje está expresado en formas perfectamente coherentes y claras, como si hubiese sido redactado por un equipo de especialistas del idioma, ubicados en la región posterior de su cabeza. Además de todo esto, es una picaflor sexual, que va de uno a otro enamorado; o para decirlo en otras palabras, ni siquiera muerta se la podría llevar a un matrimonio tradicional. Posee además, la gran ventaja de no envejecer nunca, de no cometer errores, y de no hacer jamás el papel de tonta. En resumen: la mujer que exhibe este tipo de propaganda es casi omnisciente, excepto en las esferas de las cosas que tradicionalmente haría una mujer, tales como cocinar, coser y atender a los niños. Ciertamente, esa heroína de novelas y películas pertenece a una clase especial, sin compromisos, orgullosa, bien plantada y con las manos en las caderas. ¡Oh, sí! Esta muñeca maravillosa nos llega recorriendo un extenso camino, no podemos tener la menor duda.

Supongo que rechazo la imagen artificial de esta mujer debido a que refleja la hipocresía y la ironía de aquellos que la crearon. Nuestra brillante superestrella es un producto del movimiento que rechazó las mismas ideas fantásticas relacionadas con el mundo masculino. Se ha hablado hasta la saciedad sobre las locuras de la vanidad masculina, de su insoportable orgullo y arrogancia a través de todo el mundo. Muchas de estas características han sido criticadas a hombres autosuficientes y poseedores de inmenso poder, que alimentaban la seguridad en sí mismos a costa de las mujeres.

Pero si el egoísmo masculino es perjudicial (y lo es mucho), ¿por qué, entonces, sus opositores tratan intensamente de crear una imagen femenina con los mismo defectos que critican?

Estas campañas contradictorias se iniciaron con la misma fuerza; mientras por una parte se condenaba la supremacía masculina, por la otra parte se difundía la superioridad femenina. Es innegable que rechazamos las actitudes de superioridad, arrogancia y orgullo donde quiera que las encontramos y las supermujeres son tan raras como los profesionales del karate y de todas las manifestaciones de la violencia en el mundo masculino.

Pregunta: ¿Qué cosa es la bisexualidad y por qué, actualmente, se oye tanto hablar de ella?

Respuesta: Una persona bisexual es aquella que puede tener relaciones sexuales tanto con hombres como con mujeres. Las relaciones íntimas con personas del sexo contrario se denominan "relaciones heterosexuales". Y las que se realizan con personas del mismo sexo se denominan "relaciones homosexuales". En el momento en que respondo a su pregunta, la bisexualidad es el tema del día entre los jóvenes de hoy, y está recibiendo una gran publicidad en la prensa norteamericana. En una portada reciente de la revista "Cosmopolitan" apareció la siguiente pregunta: "¿Es la bisexualidad inimaginable en ninguna circunstancia?" También decía: "¿Estaría usted preparada para una relación lesbiana?" "Existe una gran cantidad de mujeres 'normales' que pueden actuar como hombres". El artículo finalizaba con esta afirmación: "Está de más la pregunta de si todos estamos predestinados o no, a ser bisexuales. No obstante, suceda lo que suceda en el futuro, podemos afirmar que en la actualidad, para algunos que lo han intentado, la bisexualidad ofrece una satisfactoria —y con frecuencia afectuosa— manera de vivir".[2]

La revista "Vogue", trae una historia parecida con idéntico mensaje. Un artículo titulado: "Más gozo", de Alex Comfort, anuncia que la bisexualidad será aceptada como una disposición "normal" en la moral de la clase media, dentro de diez años. Un día sábado, en la tarde, en un horario donde un gran número de niños están frente al televisor, fueron presentadas en un reciente programa, cuatro agresivas lesbianas. No defendieron sus preferencias sexuales individuales, sino se dedicaron a promover la homosexualidad femenina, con todo el entusiasmo que eran capaces de transmitir. Un televidente grabó el programa y me lo envió con una transcripción, palabra por palabra, de todo lo que allí se dijo. Estaba incluido el resumen de algunas de las aseveraciones de aquellas damas: "Algunas personas me han preguntado si yo me sentiría triste porque mi hija comenzara a ser lesbiana, y siempre les contesto que me sentiría muy contenta de que así fuera". (Curiosamente, una de aquellas invitadas que actuaba como moderadora, era nada menos que la militante feminista que apareció conmigo en un programa de televisión en Los Ángeles —que ya mencioné anteriormente—, como "la otra invitada". ¿Recuerda ahora? Como verá, la ira de que hacía gala en aquella ocasión en este momento ya estaba resuelta.)

¿Nos sorprenderemos entonces de que la homosexualidad sea considerada como "contagiosa"? Precisamente la publicidad es su instrumento para expandirse, y debido a este factor, la homosexualidad aumenta.

En ocasiones pienso que estamos tan ciegos ante la maldad, que no podríamos distinguir la inmoralidad en medio de todos los conceptos que se manejan hoy día. Ni aun si se nos presentara con la figura de un elefante que atraviesa la puerta. Estoy seguro que algún "experto" diría: "Están equivocados, no es un elefante. Es solamente un ratoncito que tiene un problema glandular". Y la mayoría estaría de acuerdo con él.

Ahora recuerdo las palabras eternas del gran profeta Isaías escritas en el Antiguo Testamento:

¡Ay de los que a lo malo dicen bueno, y a lo bueno malo; que hacen de la luz tinieblas, y de las tinieblas luz; que ponen lo amargo por dulce y lo dulce por amargo!

¡Ay de los sabios en sus propios ojos, y de los que son prudentes delante de sí mismos!

¡Ay de los que son valientes para beber vino, y hombres fuertes para mezclar bebida; los que justifican al impío mediante cohecho, y al justo quitan su derecho!

Por tanto, como la lengua del fuego consume el rastrojo, y la llama devora la paja, así será su raíz como podredumbre, y su flor se desvanecerá como polvo; porque desecharon la ley de Jehová de los ejércitos y abominaron la palabra del Santo de Israel.

Isaías 5:20-24

La moralidad e inmoralidad no son dictadas por las actitudes humanas que varían, y las costumbres sociales. Ellas han sido establecidas por el Dios del universo, y sus mandamientos eternos no pueden ser burlados impunemente.

Notas

1. Paul Ponenoe, *¿Are Women Really Different?* "Family Life" febrero 1971. Vol. XXXI No. 2. Usado con permiso.
2. De *Cosmolitan Magazine*, junio 1974. Citado con permiso.

Capítulo ocho

Problemas menstruales y sicológicos

Mi madre comenzó a deteriorarse tanto física como sicológicamente, en octubre de 1959. De repente empezó a sentirse muy nerviosa e irritable, y la depresión se adueñó de ella constantemente, duranate varias semanas. Grandes ojeras aparecieron en su rostro ensombrecido por lo que estaba sintiendo. Fue a la consulta de un médico para hacerse un examen a fondo y el galeno le diagnosticó que todos sus malestares tenían orígenes emocionales. Le recetó un sedante para calmar los nervios, pero la medicina en vez de sedarla la alteró aun más de lo que estaba. Entonces visitó la consulta de otro médico que después de hacerle un examen a fondo diagnosticó lo mismo que el primero y le recetó un calmante diferente para los nervios. Pero continuó experimentando los mismos problemas de antes. De esa misma manera, siguió buscando ayuda profesional para los malestares emocionales que la aquejaban, pero ningún médico ni especialista parecían descubrir lo que realmente le pasaba a mi madre. Seis médicos que la atendieron estuvieron de acuerdo en asegurar que el problema que ella enfrentaba eran fundamentalmente síquicos y los medicamentos que le recetaron, sólo sirvieron para empeorarla.

Como consecuencia de todo ello, mi madre sufrió una considerable pérdida de peso, y cada vez se sentía más incapaz de enfrentarse con las responsabilidades de la vida cotidiana. Así las cosas, comenzó a pensar en la muerte, y en una ocasión, me llamó por teléfono para decirme que vestido debían ponerle el día que ella falleciera. Mi padre y yo sabíamos que esta actitud no era normal en ella y notamos que su deterioro iba en aumento. Al día siguiente consulté su caso con un médico que había sido amigo de nuestra familia durante muchos años.

—Pablo, necesito que me ayudes con mamá, parece que se nos está yendo apresuradamente —le dije desconcertado.

Él respondió pidiéndome que le describiera los síntomas que ella presentaba. Anotó cada detalle que le fui señalando y me dijo que la enviara al día siguiente a su consultorio porque estaba seguro de poder ayudarla.

Así lo hice, y a la mañana siguiente mi madre fue al consultorio del médico que yo había consultado. Su diagnóstico después de hacerle un cuidadoso examen fue que ella estaba sufriendo una falta considerable de estrógeno, debido a la menopausia o mejor, como consecuencia de ella, y que debía inyectarse cuanto antes esta hormona. A partir de ese momento mi madre comenzó a inyectarse la hormona llamada estrógeno, y continuó haciéndolo una vez a la semana durante el transcsurso de un año. A pesar de que su curación no fue instantánea, el efecto del estrógeno en su organismo produjo un cambio como de la oscuridad a la luz. Los ojos apagados recobraron su brillo, la depresión desapareció y enseguida comenzó a interesarse por todo lo que le rodeaba nuevamente, de esa forma volvió a ser la mujer que habíamos amado y conocido durante todos los años compartidos juntos.

El estado emocional y físico de mi madre se mantuvo sin cambios durante diez años, hasta que mis padres se mudaron a unos 3.000 kms. de distancia del médico que le había estado suministrando el estrógeno que ella necesitaba. En su nuevo domicilio empezó nuevamente la búsqueda de un médico que fuera capaz de entender la situación de mi madre. El nuevo médico a quien consultó no estaba de acuerdo con el diagnóstico de su colega anterior, pero le recetó el estrógeno porque parecía asentarle muy bien a mi madre.

—¿Para qué voy a privarla de algo que le ha hecho bien hasta el momento? —fueron sus palabras.

No obstante, cierto día en que ella fue al consultorio a ponerse su inyección semanal, el médico le anunció que no podía atenderla más. Otra vez comenzó la desesperada búsqueda de un doctor, hasta que por fin lo halló a unos 30 kms. de donde vivía. El tratamiento a base de estrógeno continuó durante un año más, pero repentinamente, empezó a sentir la misma sensación de depresión que había experimentado durante su primera crisis. Sufrió una gran pérdida de peso en pocas semanas, cada día se pasaba horas llorando sin consuelo. Sentía palpitaciones en el pecho, así como padecía de temblores y muchos malestares generales. Cuando llamó desesperada al último médico que la atendía, él le dijo que todo eso era causado por su sistema nervioso. Y le recetó varios sedantes que sólo lograron alterarla aun más de lo que estaba. Otro médico que la trató empleó más de hora y media en informarle los peligros que existían al usar el estrógeno.

Por último, ingresó en un hospital para hacerse un examen exhaustivo de salud. Allí la sometieron a toda clase de pruebas: estomacales, de tolerancia a la glucosa y todas las imaginables y por imaginar. Pero no pudieron hallar por medio de ninguna prueba el origen de su mal. Otros médicos también la examinaron pero siempre con los mismos resultados.

En verdad, yo pensaba que el problema de mi madre tenía raíces orgánicas. Mis padres habían estado de visita en nuestro hogar en California, antes que aparecieran de nuevo los síntomas que la quejaban, y ella se había sentido muy feliz allí y muy tranquila. Pero, repentinamente, al parecer sin ninguna causa externa, empezó a empeorar otra vez.

Llamé por larga distancia a un amigo médico que vivía en Kansas y le consulté si el problema que padecía mi madre podía ser de tipo hormonal, ya que los síntomas que presentaba eran idénticos a los que había experimentado trece años antes. Pero él me negó esa probabilidad al responderme:

—Sinceramente, opino que el estrógeno actúa como un remedio eficaz, simple y llanamente porque la mujer que lo usa piensa que le irá bien al hacerlo. Pero estoy seguro que no sirve para otra cosa.

Así las cosas, las llamadas pidiendo ayuda de mi madre se repetían dos o tres veces por semana. Ella lloraba sin consuelo y me decía que no había podido dormir ni comer nada desde hacía 24 horas. Después de esa llamada, llamé al jefe de obstetricia y ginecología de la Escuela de Medicina de la Universidad de California donde trabajo y le expliqué la situación en que me encontraba.

Después de detallarle toda la sintomatología que presentaba mi madre, le pregunté si opinaba que se trataba de un problema hormonal. Me respondió que sí y me dio el nombre de un famoso ginecólogo de la Universidad de Kansas. Esta información se la comuniqué de inmediato a mi madre.

Para resumir una larga historia, todo aquel misterio de los malestares de mi madre, encontró su solución dos días más tarde. Durante el tratamiento que había recibido mi madre de inyecciones semanales de estrógeno por espacio de doce años, mi madre había acumulado un tejido cicatrizado en la cadera donde recibía la dosis de la hormona. A pesar de que había continuado el tratamiento, no estaba absorbiendo casi nada de esa dosis. El médico que la atendía no tenía en cuenta esta carencia en el organismo de mi madre porque supuestamente ella continuaba recibiendo sus dosis habituales del medicamento, pero en realidad todo su sufrimiento era debido a la gran necesidad que tenía de esa hormona. Nosotros siempre tendremos una deuda de gratitud hacia el hombre que descubrió este problema y lo solucionó recetando una dosis regular de estrógeno por la vía oral. En la época que comenzaron todos estos problemas para mi madre, el año 1959, como dije anteriormente, yo estaba recién graduado de medicina de la Universidad de California. De manera que sin intención alguna, ella me había estado dando una lección inolvidable respecto a los problemas que van asociados con el climaterio femenino. Se trataba del reajuste hormonal que sufren las mujeres en este periodo de sus vidas. Al enfrentar las dolencias de mi madre, me dediqué a profundizar en estos temas estudiando toda la literatura profesional que existía al respecto en esos momentos. Y pude observar después como muchas mujeres presentaban toda una serie de molestias indetectables. Ellas han venido a mi consultorio buscando tratamientos para sus desórdenes emocionales y en cuestión de minutos les he descubierto esos mismos síntomas que evidencian un fallo en el funcionamiento hormonal. En algunos casos hasta he podido diagnosticar el problema, antes de que la paciente diga una sola palabra, solamente con mirarle a la cara.

Creo que sería conveniente confeccionar una lista de los síntomas que están vinculados con el climaterio femenino. Aunque debo antes prevenir al lector, al decir que existen otros problemas físicos y emocionales que pueden presentar los mismos síntomas o molestias. El estrógeno no puede ser considerado como la hormona milagrosa que puede suministrarse para curar los problemas emocionales o de otra índole que generalmente surgen en esa etapa de la vida. Respecto al lector que en este momento se halle enfrentado a problemas similares que esté sufriendo su mamá en este momento, o si alguna lectora está sufriendo en carne propia todo lo mencionado, les sugiero que se dirijan al consultorio de un ginecólogo que trabaje en una facultad de medicina, o al hospital de la zona donde vive. Podemos confeccionar una lista de cerca de treinta y dos dolencias específicas que pueden originarse en la carencia de estrógeno en el sistema hormonal femenino. Aunque son muy pocas las mujeres que pueden experimentarlas todas. La lista que presento a continuación está confeccionada de acuerdo con mis observaciones, pero ha sido confrontada con precisión por mediación de un trabajo realizado por profesionales de los "Laboratorios Ayerst", dirigido por el doctor y profesor de obstetricia y ginecología, de la Universidad de New York, el doctor Herbert Kupperman. Además, ha sido revisado por el doctor David Hernández.

Síntomas emocionales

1. Máxima depresión. Quizás durante muchos meses en forma ininterrumpida.

2. Profunda sensación de baja autoestima, unida a una actitud de indiferencia ante la vida, al mismo tiempo que experimenta falta de dignidad personal.

3. Mínima capacidad para soportar la frustración, lo cual conduce a explosiones temperamentales y emocionales.

4. Escasa tolerancia al ruido. Hasta el sonido radial o las voces de los niños producen la irritación de la persona afectada. Puede presentarse zumbido en los oídos.

5. Una gran necesidad de amor unida a la exigencia de pruebas que le demuestren que es amada, y si carece de ellas, sospechas de infidelidad del cónyuge.

6. Falta de sueño.

7. Escasa concentración y falta de memoria.

Síntomas físicos

1. Problemas digestivos, falta de apetito, desorden gastrointestinal.

2. "Oleadas de calor", en diferentes partes del cuerpo durante algunos segundos.

3. Vértigos (mareos).

4. Constipación.

5. Temblores.

6. Escozor en las manos y los pies. Las extremedidas se sienten dormidas muy a menudo.

7. Sequedad y falta de elasticidad en distintas partes de la piel.

8.Resequedad en las mucosas, particularmente en la vagina, lo que convierte el acto sexual en algo sumamente doloroso y con frecuencia imposible de realizar.

9.Disminución en gran medida del apetito sexual.

10.Dolores en diferentes partes del cuerpo (neuralgias, jaquecas, etcétera).

11.Taquicardias y palpitaciones.

12.Dolores de cabeza.

13.Ojeras oscuras. Este síntoma es muy útil para poder hacer el primer diagnóstico.

14.Pérdida de peso.

La situación de la infeliz mujer que visita el consultorio médico, con algunos de estos síntomas, se ha descrito como sigue: "El síndrome de la mano caída". Ella se lleva la mano derecha a la cabeza y dice:

—¡Ay! Me parece como si tuviera rota la cabeza; los oídos me zumban, me duelen los pechos, la espalda y los glúteos, y como si todo fuera poco, me tiemblan las rodillas.

Y es cierto que tiembla desde la punta de la cabeza hasta la punta de los pies. Hace poco un colega me contó que su enfermera estaba tratando de localizar la historia clínica de una paciente que presentaba todos estos síntomas que hemos mencionado. Cualquier dolor o malestar que el médico mencionaba ella afirmaba padecerlo. Por último, la enfermera que estaba desesperada, le preguntó si le dolía algún diente, a ver qué le respondía la señora, y ella frunció el ceño un momento y después se pasó la lengua por los dientes a tiempo que decía:

—Pensándolo bien, hasta los dientes me duelen.

Una mujer en la etapa de la menopausia, es capaz de sentir que todo anda mal en su organismo.

Pienso que muchos médicos no están bien informados sobre la relación que existe entre los niveles de estrógeno y la estabilidad emocional femenina, sobre todo aquellos que no practican la ginecología.

Gerald M. Knox, que escribe en la revista "Better Homes and Gardens" (Mejores casas y jardines), en su artículo titulado: "Cuando la melancolía lo derrrumbe" cita a numerosos especialistas médicos y afirma:

Los especialistas se han planteado la posibilidad de que la mujer de cuarenta años sea suceptible a padecer una forma de depresión llamada "La melancolía de la involución", que supuestamente se produce cuando la menopausia altera el nivel hormonal femenino. Pero ahora están dudando de esta posibilidad. Afirman que este antiguo diagnóstico sencillamente reflejaba la parcialidad masculina respecto a estas cuestiones".[1]

No obstante, cualquiera que haya tratado a una mujer que presenta evidencias de carencia de estrógeno en su función hormonal reconocerá de inmediato la falacia de Knox. ¿De manera que son sencillamente "reflejo de la parcialidad masculina?"

La dependencia del estrógeno, desde el punto de vista físico, que caracteriza a un gran número de mujeres, lleva implícita una gran inestabilidad sicológica, y el fracaso de no reconocer esta verdad, puede ser devastador para la paciente menopáusica.

En cierta ocasión vino a consultarme en un profundo estado de desesperación, una mujer de cuarenta años. Estaba pálida, ojerosa y lloraba todo el tiempo, mientras me hablaba. En el pasado había sufrido la extracción de la glándula tiroides y de sus órganos reproductivos. Estas operaciones llevadas a cabo en su cuerpo, la privaron de hormonas importantes como la tiroxina y el estrógeno, y el cirujano que la atendió cometió el error de no recertarle el reemplazo de ellas. Como era de esperar, muy pronto comenzó a deteriorarse emocionalmente, y se sumió de lleno en la depresión, llorando con mucha frecuencia. Su esposo e hijos simpatizaban con ella pero no sabían cómo iban a poder ayudarla. La opinión de la familia era que consultar a un siquiatra era inaceptable para ellos, desde el punto de vista de su posición social. De modo que ella no halló otra solución para su problema, que irse a la última habitación de la casa y encerrarse allí. Esa infeliz mujer permaneció durante más de dos años encerrada detrás de aquella puerta. Su familia se encargaba de traerle los alimentos y la bebida durante el día. Cuando por último tomó la decisión de venir a consultarme, yo la envié de inmediato a ver a un médico que era un experto en este tipo de problemas. Un mes más tarde ella me escribió una preciosa carta, en la que me informaba que por primera vez en los tres últimos años de su vida, sentía que su vida tenía perspectivas. Mi experiencia con esta señora y con otras pacientes similares me ha vuelto intolerante con algunos médicos que hacen caso omiso de la terapia hormonal, aun cuando la necesidad de la misma sea algo bien evidente. Estoy seguro que existen muchas mujeres sufriendo en los hospitales siquiátricos por la carencia de hormonas que padecen, y que sería muy fácil solucionarles su problema con las dosis adecuadas de esas hormonas que tanto necesitan.

Antes de abandonar este tema que resulta un tanto polémico deseo señalar que el médico puede medir el nivel de estrógeno, generalmente, mediante un examen de la pelvis. En otras palabras, el nivel de estrógeno en el cuerpo femenino se conoce por medio de una muestra tomada de la vagina. No obstante, es obvio que las consecuencias emocionales de la carencia de estrógeno no ocurre dentro de la vagina, sino del cerebro de la mujer. A menudo es factible que el examen de laboratorio muestre un nivel "normal" de estrógeno en la vagina femenina, en tanto que ella puede experimentar un déficit hormonal en su cerebro que es imposible detectar en el laboratorio. Por ello muchos ginecólogos en la actualidad tratan con los síntomas emocionales, aun cuando la prueba del laboratorio revele o no, una deficiencia hormonal. Con una excepción de algunas raras y escasas complicaciones (relativas a la coagulación de la sangre), el estrógeno parece no ser tóxico, y debe ser administrado con cuidado y responsabilidad a aquellas mujeres que lo necesiten. Es más, he observado a una docena o más de mujeres con desequilibrio hormonal, a pesar de haber estado recibiendo estrógeno por la vía oral. El intestino no es un órgano perfecto y a veces falla al tratar de asimilar algunas sustancias que pasan a través de él. No podemos garantizar que todo lo que se ingiere pasa al torrente sanguíneo después. Como les ha ocurrido a algunas mujeres menopáusicas que estaban justamente bajo un tratamiento para prevenir esto.

Después de haber considerado la depresión vinculada a la carencia de estrógeno durante la menopausia, trataremos algunos problemas comunes a las mujeres más jóvenes, durante su ciclo menstrual. Primeramente quiero enfatizar una verdad que la comprenden muy pocas mujeres: la estimación a sí misma está relacionada directamente con el nivel de estrógeno existente en el organismo, de aquí que sean predecibles sus fluctuaciones durante los veintiocho días que dura el ciclo menstrual. El gráfico que se muestra abajo se parece mucho a otro que presentamos en un capítulo anterior, pero su significado es absolutamente distinto.[2]

Nivel hormonal normal y disposición de ánimo. En el ciclo menstrual normal, el estrógeno alcanza su máximo nivel a la mitad del ciclo (ovulación). El estrógeno y la progesterona (hormonas femenina y masculina) circulan ambas en la segunda mitad del ciclo, pero se agotaban antes de la mentruación con mucha rapidez. El ánimo cambia con la fluctuación del nivel hormonal. La mujer se siente plena respecto a su propia estima, y siente menos ansiedad y hostilidad a la mitad del ciclo menstrual.

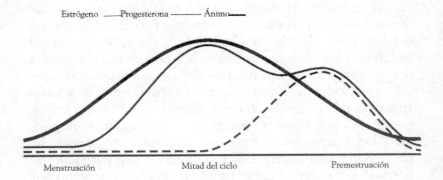

Estrógeno ——— Progesterona ——— Ánimo ———

Menstruación   Mitad del ciclo   Premestruación

Al tener en cuenta que el nivel de estrógeno alcanza su punto más bajo durante el ciclo menstrual, como vemos a la derecha de la gráfica es fácil comprender que así decae el ánimo, en general. La producción de estrógeno crece día a día de nuevo, y llega a su clímax a mitad del período menstrual, cerca del tiempo de la ovulación. Este momento también se manifiesta como un tiempo de gran optimismo emocional y confianza en sí misma. La otra hormona llamada progesterona, se produce entonces durante la segunda mitad del ciclo menstrual y causa un aumento de la tensión y la agresividad femenina. Por último, ambas hormonas declinan durante el período premenstrual, conduciendo nuevamente al ánimo a su punto más bajo. Estas fluctuaciones regulares en las emociones se han documentado reiteradas veces por diferentes investigadores. Por ejemplo, Alec Coppen y Neil Kessel, estudiaron los casos de cuatrocientas sesenta y cinco mujeres y descubrieron que ellas se hallaban mucho más deprimidas e irritables, antes de la menstruación, que a mitad del ciclo. Y esto mismo ocurría en todos los tipos femeninos: neuróticas, sicóticas, y normales. De idéntica manera, Natalie Sharness, encontró el período premenstrual relacionado con sentimientos de necesidad de ayuda y de amor, así como de ansiedad y hostilildad. Con la menstruación la tensión y la irritabilidad cesan, pero la depresión ocupa su lugar y se mantiene hasta que el nivel de estrógeno aumenta nuevamente.

La información que hemos provisto para ustedes, puede ser de mucho valor para una mujer que desee comprender el funcionamiento de su propio cuerpo y del impacto que esto puede ocasionar en sus emociones. Lo más importante es que ella puede considerar con cuidado sus sentimientos durante su período premenstrual. Si es capaz de comprender que la desesperación y el sentido de falta de dignidad personal está inducido por su funcionamiento hormonal y no tienen nada que ver con la realidad, entonces podrá contrarrestar su descenso sicológico con mayor facilidad. Podría decirse así misma cada mes: "A pesar de que me siento inferior e inútil, me negaré a creerlo. Sé que me sentiré muy mal durante unos días, pero no voy a dejar que esto me destruya. Veo que mi cielo se oscurece, pero pienso que lo estoy viendo a través de lentes distorsionados. Mi problema real es físico y de ninguna manera emocional, por eso voy a vencerlo rápidamente".

Es perfectamente lógico que las mujeres deseen que sus esposos comprendan estos factores sicológicos que desempeñan un papel tan importante en sus vidas. Pero como nunca han experimentado un período, a los hombres les será difícil comprender la hinchazón, la pesadez, el aumento de la suceptibilidad e irritación que ocurre en sus esposas, durante el período premenstrual.

Sería de gran utilidad que los maridos pudieran comprender todos estos cambios que experimentan sus mujeres ciertos días del mes, reconociendo que el campo de las emociones también sufrirá alteraciones en ese tiempo. El esposo, por tanto, deberá satisfacer la necesidad de afecto y de ternura que siente su esposa, aun conociendo que ella no estará en condiciones de realizar el acto sexual durante tres o cuatro días. También evitará tener discusiones acerca de problemas económicos u otros temas polémicos, hasta que la tormenta interna de su esposa haya pasado, y tratará de mantener el ambiente hogareño lo más tranquilo posible. Si su esposa se muestra desesperada, él puede recordarle todos los conocimientos que ambos han aprendido sobre estas cuestiones, con el fin de lograr una mejoría en la situación de ambos. Resumiendo: "el anhelo de amor" descrito por Natalie Sharness, sólo puede ser satisfecho por un esposo que comprenda y conozca a su mujer lo suficiente, como para soportarla durante este ciclo menstrual tan difícil, lleno de tensiones y conflictos interiores.

Nota adicional del autor:

Como este libro fue escrito en 1975 deseo aclarar que después de esa fecha algunos investigadores han observado que existe una aparente relación entre la terapia basada en el estrógeno y el cáncer del útero. No obstante, éste y otros efectos potenciales del mencionado tratamiento hormonal, son temas muy controversiales dentro de los círculos médicos y son debatidos desde todos los puntos de vista. Se están llevando a cabo estudios muy profundos en relación con esto. Les hago esta advertencia, para que las mujeres que sientan los sítomas de la menopausia, busquen y acepten el consejo de sus médicos.

James Dobson
Noviembre 1976

Preguntas y respuestas

Pregunta: ¿Existe una "menopausia masculina" semejante a la femenina, que usted ha descrito con tantos detalles?

Respuesta: Esa es una pregunta con un excesivo tono cultural que tiende a nublar la verdad. Algunos miembros del movimiento de liberación femenino al parecer temen que la menopausia pueda ser utilizada como excusa para impedir el liderazgo de mujeres adultas de cierta edad. De modo que ellas hacen énfasis en la existencia de una "menopausia masculina" semejante a la femenina. Aunque es cierto que los hombres experimentan un climaterio que pudiera ser llamado meno-pausia, es muy distinto en su origen y consecuencias al que padece la mujer. En el caso de los hombres, los cambios que se producen en esa etapa no están relacionados con alteracio-nes de tipo hormonal, sino más bien con su naturaleza sicoló-gica. Es difícil para un hombre enfrentarse al hecho de que nunca logrará las metas laborales que se había prometido a sí mismo. También, que la juventud se va más rápido de lo que había imaginado, y que muy pronto perderá su atractivo para el sexo opuesto. Y lo más triste de todo: que sus sueños juveniles de éxitos y poder nunca se harán realidad. Algunos hombres que han logrado a través de sus vidas mucho menos de lo que esperaban se sienten defraudados por esos sueños que la vida no les ha permitido convertir en realidad. A esto se refiere, fundamentalmente, la menopausia masculina. Otros hombres reaccionan ante esta situación buscando una relación con una mujer más joven para probar su virilidad y reafirmar su autoestima. Otros trabajan aún más fuerte para evitar lo inevitable; en ese período también algunos se vuelven alcohólicos; y otros se sumergen en dramáticos períodos de depresión. A pesar de que el impacto emocional es fuerte en el hombre durante esta estapa, está basado en una evaluación que él hace entre sus logros personales y el mundo exterior. También todos esos factores influyen en la mujer, pero ella posee una corriente interior que socava su seguridad personal. Aunque en algunos puntos ambos problemas se parecen, la menopausia femenina es más difícil de soportar, particularme si no es tratada como es debido.

Pregunta: ¿Por qué algunas mujeres pueden pasar la menopausia sin utilizar el estrógeno como medicamento?

Respuesta: Estoy seguro que nadie puede responder esa pregunta. Pues nadie conoce a cabalidad el efecto que hace el estrógeno en el aparato neurológico femenino. Quizás los ovarios y las glándulas adrenales segregen el estrógeno necesario para estabilizar a los individuos menos vulnerables. En la actualidad el conocimiento sobre la química cerebral y las sustancias adecuadas para su funcionamiento correcto son muy escasos. La guía que se emplea para tratar estos problemas son las señales clínicas y los signos que los médicos observan.

La hembra humana, de manera curiosa, es el único miembro del reino animal que sobrevive a su capacidad reproductora. Todos los demás mueren cuando su capacidad procreadora finaliza. (¿No le ayuda saber esto a aumentar su autoestima?) Los veinte o treinta años más, que vive normalmente una mujer, pueden ser muy significativos y agradables, si su cuerpo funciona saludablemente y se mantiene en la misma forma.

Pregunta: ¿Los períodos premenstruales tienen las mismas características que la menpausia?

Respuesta: Ciertamente, en el sentido de que el nivel de estrógeno disminuye en ambos casos. Como esta carencia de estrógeno influye en la falta de estimación personal y en los conplejos de inferioridad, sufrirá estos estados depresivos durante la menstruación y la menopausia. A pesar de que no tengo evidencias para apoyar esta hipótesis pienso que las mujeres que presentan fluctuaciones emocionales notables durante el ciclo menstrual, posiblemente necesitarán la terapia hormonal cuando les llegue el momento de la menopausia. Dicho en otros términos, la necesidad del estrógeno y la vulnerabilidad femenina ante su carencia, se evidencia durante la juventud y se confirma en la madurez.

Pregunta: ¿Debido a que en la actualidad la "píldora" está compuesta de estrógeno, las mujeres que la tomen padecerán fluctuaciones emocionales como las que usted ha señalado?

Respuesta: Depende del tipo de píldoras que sea recetada. Si el estrógeno y el progestin (progesterona sintética), son administrados a la vez durante veinte días y de repente se cortan, el ánimo decaerá y cierta ansiedad aparecerá durante el mes. No obstante si el estrógeno es empleado por quince días y el estrógeno-progestin durante cinco, la fluctuación de estados de ánimos será muy similar a la de un ciclo normal sin "píldoras". Si desea profundizar en esta cuestión, su médico le puede proveer más información sobre la píldora que sea más adecuada para usted, y sus consecuencias emocionales.

Pregunta: Durante el ciclo menstrual, cuando mi esposa se pone tensa, y yo trato de consolarla de alguna manera, se muestra mucho más irritable aún cuando trato de decirle que todo se va a poner bien y que las cosas no andan tan mal como a ella le parece. ¿Cómo usted esplica esto?

Respuesta: Usted necesita aprender la misma lección que yo aprendí cuando comenzaba mi profesión de consejero hace muchos años. Recuerdo especialmente a una paciente que me llamaba sin falta, cada 28 días, a mi consultorio. Estaba muy deprimida y angustiada, pero nunca parecía darse cuenta de que su estado anímico estaba vinculado a su calendario hormonal. Yo trataba de hacerle entender que las cosas no eran tan malas como ellas las veía y que en muy pocos días más las iba a ver mucho mejor. Pero para mi gran sorpresa, estos intentos de consolarla por mi parte, le causaban gran frustración y hacían que ella tratara de probarme, por todos los medios a su alcance, de todas las cosas terribles que a ella le ocurrían a diario. Ante el énfasis que yo hacía de todo lo

181

positivo que la rodeaba, ella reaccionaba como si hubiese recibido un insulto o un agravio personal. Más tarde, al reflexionar acerca de su conducta comprendí que estaba cometiendo un error al tratar su caso. Por intentar darle respuestas fáciles a su angustia la estaba privando de lo que ella más necesitaba de mí. Ella no buscaba respuestas a su malestar, lo que necesitaba era tener la seguridad de que otra persona en el mundo comprendía lo que ella estaba pasando. Y mis consejos positivos sólo la obligaban a probar que sus sufrimientos eran mayores de lo que yo decía.

Más tarde, cuando la mujer vino a mi consultorio, yo le ofrecí mi comprensión y simpatía y la ayudé para que expresara todas las frustraciones que sentía. Mi deseo en esa consulta fue brindarle un ambiente adecuado de aceptación para que ella pudiera desahogar todos sus conflictos. Así pudo llorar y lamentarse durante 40 o 50 minutos confesándome que no tenía ninguna esperanza. Sacaba el pañuelo, se sonaba la nariz y continuaba contándome todas sus penas entre lágrimas. Por último enjugó su llanto y me dijo:

—Gracias por ayudarme. No sé que hubiera sido hoy de mí, sin sus palabras. Ahora me siento mucho mejor.

Todo lo que hice fue hacerle entender que la comprendía y me identifica con ella. Eso fue suficiente. Sospecho que en el caso de su esposa, ella busca lo mismo en usted. Existen momentos que todos necesitamos disfrutar de esa seguridad y comprensión.

Notas

1. Gerald M. Knox, *When the Blues Really Get you Down*, Better Homes and Gardens. Enero 1974, p.2. Usado con permiso.

2. Adaptado de *Psychology Today*, febrero 1972, p. 53. Usado con permiso.

3. Publicado por *Psychology Today Magazine*, febrero 1972.

Capítulo nueve

Problemas con los niños

Las mujeres que responndieron el cuestionario ya mencionado, ubicaron en el octavo lugar de las fuentes de la depresión a los problemas con los niños. Será oportuno recordar que la juventud de los que participaron en la encuesta sin duda alguna influyó en ellos para que estuviera colocado en un punto tan bajo. Si por el contrario de la mayoría de las encuestadas hubieran sido madres de adolescentes el problema con los niños hubiera aparecido en un lugar mucho más alto.

Precisamente para los padres y los maestros yo he escrito dos libros relacionados con este tema: "Atrévete a disciplinar" y "Buscar y esconder". Anteriormente, muchos otros libros acerca de este mismo tema han sido escritos por varios autores. Es casi imposible dar una relación cronológica de la cantidad enorme de problemas a los cuales nos enfrentan los niños actualmente. De manera que voy a limitarme a consideerar varios aspectos sobre la paternidad. que son básicamente importantes para realizar la función de padres.

En agosto de 1974, un ejemplar de "Scientific American" presentó un artículo muy interesante titulado: "Los orígenes de la alienación", por Uric Bronfenbrenner. El mencionado doctor, que actualmente se encuentra en Norteamérica es, en mi opinión, la mayor autoridad en materia de desarrollo infantil. Y sus puntos de vista deben ser tenidos muy en cuenta. En el citado artículo, el doctor analizaba el creciente deterioro de la familia norteamericana, y las fuerzas que se desplegaban en contra de su cohesión y unidad. De manera específica, él profundizaba en el análisis de las circunstancias que estaban socavando la función paterna y privando a los niños de la autoridad y del amor que ellos tanto necesitan para su normal desarrollo.

Uno de los problemas fundamentales que el doctor Bronfenbrenner encontró es el que se conoce con el nombre de "el desertor" (que ya nosotros señalamos en el capítulo del agotamiento y de la vida apresurada). Él describió este hallazgo de la manera siguiente:

> Las exigencias de un trabajo que reclama hasta los minutos de la cena, las noches y los fines de semana; los viajes y movilizaciones necesarias para sobresalir, o sencillamente para mantenerse, el tiempo utilizado en cambios, diversiones, salidas, reuniones sociales y obligaciones de la comunidad... todo esto conduce a una situación en la que los niños con mucha frecuencia, pasan más tiempo con un extraño que los cuida que en compañía de sus padres.[1]

De acuerdo con este eminente doctor, esta "deserción" de la presencia paterna en la vida cotidiana de sus hijos, es precisamente incompatible con las responsabilidades necesarias del padre en relación con sus hijos, como recientemente se ha podido comprobar por medio de investigaciones específicas que llegaron a conclusiones alarmantes. Un equipo de investigadores se dio a la tarea de averiguar el tiempo que empleaba un padre típico de clase media con su pequeño de un año, cada día. La respuesta que recibieron de los padres encuestados fue que pasaban de 15 a 25 minutos aproximadamente con sus pequeños al día. Para comprobar esta afirmación dada por los padres los investigadores colocaron un micrófono oculto en las camisitas de los pequeños con la intención de grabar la conversación de los padres con sus niños, y los resultados de esta investigación fueron sobrecoge-dores. ¡El promedio de tiempo que emplea un padre típico de la clase media con su hijo diariamente es nada más y nada menos que 27 segundos! La investigación reveló además que esa relación directa de padre-hijo se limitaba a dos encuentros diarios que duraban de 10 a 15 segundos cada uno. Este término de tiempo, al parecer representa la contribución que hace la paternidad a los millones de niños que hay en este país.

Sin embargo, estoy seguro que muchos padres quedaron fuera de esa encuesta y por lo tanto no fueron representados en esa investigación. Pero, ¿quién es capaz de negar, que el ritmo vertiginoso de nuestra vida actual interfiere con las relaciones familiares para impedir que estas sean verdadera-mente significativas? Los padres trabajan muchas horas, día y noche para poder mantener cierto nivel de vida familiar apropiado. Y cuando regresan a sus hogares, después de haber cuimplido con tantas obligaciones, llegan exhaustos y no tienen energía para emplearla en el trato con los niños. Esta responsabilidad cae casi por completo en las madres. De modo que ellas tienen que ocupar todo su tiempo en el cuidado de los niños. Criar niños es una tarea bien compleja que requiere mucha paciencia, sabiduría y una dosis infinita de amor y comprensión, por ello debe ser responsabilidad de dos perso-nas. Debe evitarse enfrentar esta tarea en un esfuerzo solita-rio. En primer lugar, porque esta manera de criar hijos es una fuente de culpabilidad. No es posible descargarse de la respon-sabilidad de ninguna manera en que uno intente hacerlo. Los niños son tan complicados que nadie posee todas las respues-tas a la cantidad de problemas que ellos suelen causar. Ade-más, tanto la personalidad masculina como la femenina, son particularmente necesarias para moldear el alma infantil. De igual modo ambos padres contribuyen al desarrollo de sus pequeñas mentes, y una madre está segura que ella sola no puede asumir los dos papeles. Sin duda alguna, criar hijos como madre soltera (se encuentre casada o no), es la tarea más solitaria del mundo.

¿Cómo se enfrentan las mujeres a esta clase de soledad? No tan bien como podría parecer debido a la propaganda que quiere mostrar otra cosa. En primer lugar, las frustraciones ya mencionadas han llevado a los padres a querer evadir su responsabilidad. La revista "Esquire" en cierta ocasión, hace años publicó una serie de artículos titulados: "¿Los norteamericanos odian a sus niños?" Me interesó mucho el tema que trataban aquellos artículos, porque yo también había observado esa tendencia social que se hacía cada vez más evidente. Se publicaron después de un período en que se había prestado mucha atención a los problemas infantiles, o sea, que el mundo entero giraba en torno a la futura generación. Hasta hacía poco antes, las madres de los niños cuyas edades oscilaban entre los 5 y los 6 años empleaban todas sus energías para poderlos educar bien, vestirlos adecuadamente, alimentarlos con lo mejor y asegurarles una atención médica óptima. Pero ahora el péndulo, como pasa siempre, se había ido hacia el otro extremo y se nos mostraba la otra cara de la moneda. Como dice "Esquire" las mujeres norteamericanas actuales han llegado a la conclusión de que criar a los hijos es una molestia demasiado grande y un sacrificio que no tiene precio. ¿Cómo una mujer va a atender a sus propios intereses si tiene que estar cambiando pañales y haciendo las tareas hogareñas en una especie de guardería infantil? Como consecuencia de este cambio de actitud y de enfoque femenino, en la actualidad no sólo se rechazan y lastiman a los pequeños, como si fuera poco además se les odia. Por propia experiencia profesional, he sido testigo de algunas de estas experiencias hacia la paternidad. Cierta vez, en mi consultorio, una madre muy joven me dijo:

—Mis hijos se aferran de mis piernas para quitarme el tiempo que yo dispongo. Pero yo los pateo y les digo: ¡Ustedes no van a arruinar mi vida!

Un gigantesco paquete de estadísticas confirma, al parecer, la hipótesis que propone la revista "Esquire".

El deceso de niños menores de un año de edad aumentó de 1957 hasta 1970 en casi cincuenta y uno por ciento.

Además, existen entre dos y cuatro millones de casos anuales, de niños abusados que han sido brutalmente golpeados, quemados y hasta ahogados por los adultos. (Una madre le sacó los ojos a su bebé con una cuchilla de afeitar). Lo más lamentable de todo es que todos estos horrores les suceden a los niños en sus propios hogares, que debían ser remansos de paz y tranquilidad. Y como es fácil esperar, las lastimaduras más graves fueron causadas por mujeres que se hallaban solas en sus hogares, lo cual demuestra el grado de desesperación y frustración que sufren en la actualidad esas mujeres.

Uno de los pilares de la filosofía fundamental del movimiento feminista, afirma que es imposible para una mujer sentirse realizada, mientras permanece en su casa y educa a sus niños. Y este concepto, al parecer, ha hallado el mayor apoyo entre la población femenina. Anteriormente informamos que cincuenta por ciento de las madres norteamericanas trabajan fuera de la casa. En tanto que las estadísticas aumentan más cada año, el porcentaje mayor de madres que ya no se ocupan de sus hogares se encuentra entre las madres de los preescolares. Actualmente, una de cada tres madres, con niños menores de 6 años son empleadas fuera de casa.

No saben de que manera me trastorna este porcentaje estadístico, más de lo que puedo expresar en palabras. ¿Quién permanece en el hogar para cuidar a los niños? ¿Quién ocupa el lugar de la madre? Cincuenta años atrás, en la mitad de las casas habitaba otro adulto, pero ahora sólo en un cuatro por ciento sucede que conviva otra persona mayor aparte de los padres. No vive nadie más en el hogar.

Las mujeres modernas están intentando convencerse a sí mismas que las guarderías estatales y los centros para el cuidado de los niños ofrecen un sustituto apropiado para reemplazar el antiguo concepto de familia. Pero esto no resulta. Y no ha encontrado eco en aquellos países que lo han intentado. Una vez más estoy de acuerdo con el doctor Bronfenbrenner, que escribió:

Con la ausencia del apoyo social a la familia, la situación de las madres y las mujeres se ha vuelto más difícil. Al producirse la ruptura de la comunidad, de la vecindad y de la familia, la responsabilidad por el cuidado de los niños recae por entero sobre las madres jóvenes. No debemos sorprendernos, por lo tanto, de que muchas mujeres jóvenes norteamericanas se hayan rebelado. Comprendo y comparto su rebeldía, pero siento temor por las consecuencias que esto trae aparejado debido a algunas soluciones que se han inventado, pues éstas redundan en soledad para los niños que reciben mucho menos del cuidado y la atención que ellos necesitan.[2]

Los niños no se pueden educar a sí mismos adecuadamente. Pude comprobar este hecho, por medio de una conversación que tuve con un investigador sicológico que visitó mi consultorio. Él había realizado un estudio sobre la infancia de los reclusos en una prisión estatal de Arizona. Él y sus ayudantes estaban muy interesados en conocer las características más comunes que identificaban a aquellos presos y que pudiesen ser el origen de su conducta antisocial. Al principio consideraron que la miseria podría ser el factor común que actuaba en la vida de esos hombres, pero lo que fue encontrando en el transcurso de la investigación contradijo sus expectativas. Los prisioneros provenían de todos los niveles socioeconómicos, a pesar de que un gran número de ellos trataban de justificar sus delitos diciendo que habían sido muy pobres. En lugar de ello, los investigadores descubrieron que todos aquellos hombres compartían una característica similar: la ausencia de relaciones con adultos durante su infancia. Cuando eran niños habían pasado más tiempo en compañía de otros niños, y muchos de ellos completamente solos. Ese era el caso de Lee Harvey Oswald, Charles Manson, y muchos otros que después cometieron crímenes cuando fueron adultos. La conlusión es incuestionable: no se puede encontrar un sustituto para la amante dirección de los padres, en el desarrollo de la infancia.

¿Puedo llamar la atención de los padres al concluir este punto? Aunque hablaré directa y claramente, no trato de ofender a mis lectores masculinos. Hecha la aclaración les digo a ellos: Si usted desea que su esposa acepte la responsabilidad de la maternidad como le corresponde, así como todo lo que ella implica, entonces tendrá que darle todo su apoyo y colaboración. Tiene que escucharla y ofrecerle alternativas cuando ella ha pasado un día especialmene difícil con los niños; debe ayudarla a disciplinar a los pequeños; a educarlos y a ser su guía indispensable; debe conocer sus necesidades emocionales y romáticas, que se van acumulando cuando usted se encuentra trabajando. También debe satisfacer la necesidad que tienen los niños de salir a pasear al menos una vez a la semana; y lo más importante de todo: debe reservar parte de tiempo para compartir con la familia. Para un hombre no es difícil invertir seis o siete días en su trabajo, porque a él le gusta lo que hace. Sus necesidades personales, su "ego" se satisface por medio de lo que hace, y se obliga a sí mismo a trabajar catorce horas diarias. Pero cuando el padre de familia hace esto, ocurre una reacción negativa en cadena, con consecuencias bien desgarradoras, para el resto de su familia que tanto depende de él.

Un libro publicado recientemente hace un estudio sobre la familia basado en la tesis de que la madre es la que traza las líneas fundamentales de su hogar. Dice el autor, que la felicidad de cada miembro de la familia depende de cómo ella realice este trabajo y del amor que ella le comunique al mismo. A pesar de que no ignoro el papel que desempeña la madre en el hogar, yo opino que una familia exitosa es aquella que comienza por el padre de familia. Si una mujer necesita tener la tranquilidad y autosatisfacción apropiada para que su personalidad esté compensada, es imprescindible que cuente con el apoyo continuo y el respeto del hombre a quien ella ama.

Preguntas y respuestas

Pregunta: Usted ha hablado evidentemente en contra de las guarderías infantiles o "jardines de infancia". ¿Se opone usted a las instituciones que se ocupan de los preescolares? ¿En qué consiste el concepto de preescolar, o de un "jardín de infantes" y en qué se diferencian?

Respuesta: Su pregunta es ciertamente importante, y voy a dejar bien aclarada mi opinión al respecto.

El concepto de "preescolar" o de "jardín de infantes" es muy diferente al de guardería. El programa de un "jardín de infantes" puede ser provechoso para un pequeñín, especialmente en todas las esferas del aprendizaje colectivo y de ciertas habilidades. Al niño pequeño se le enseña a compartir los juguetes, a obedecer órdenes, a participar en grupos, y algunos elementos rudimentarios de instrucción escolar. Mi propio hijo participa cerca de nuestra casa, de un programa como éste y ha resultado una experiencia muy provechosa para él. Existen diferencias entre esta clase de actividades que considero productivas y las guarderías que opino son destructivas. En primer lugar, el tiempo que el niño pasa en una escuela es algo muy importante, y debe ser una variante para tener en consideración. El pequeño de tres años, cuya madre trabaja afuera a tiempo completo, debe estar ausente de su hogar de 45 a 50 horas semanales, si son días laborales de seis horas). No desearía que un niño de tres años estuviera más de tres días en la escuela a la semana, y si pudiera escoger, eligiría sólo dos.

En segundo lugar: el preescolar, para niños cuyas madres no son empleadas, les permite a sus madres compartir un rato con otros adultos, ir de compras, practicar algún deporte, o cualquiere otra forma de recreación. Alivia la carga materna por algunos momentos, y la ayuda a relajar la atención constante que debe ejercer sobre ellos. Por otra parte, una guardería infantil es usada por la madre que trabaja, y esto significa que se sentirá muy cansada cuando pase a recoger a su hijo.

190

En tercer lugar: ningún preescolar ni jardín de infantes acepta niños de tres años, mientras que una guardería sí. Mi opinión es que cualquier medio que intente reemplazar los brazos de la madre de un niño menor de tres años debe ser mirado con reservas. Reconozco que me siento prácticamente solo cuando enfatizo este asunto, pero eso sólo desmuestra que estoy en lo correcto y no equivocado. No sería sincero conmigo mismo si no expresara mis opiniones.

Pregunta: ¿Es verdad que la calidad del tiempo que una madre pasa con su hijo es más importante que la cantidad de tiempo que le dedique?

Respuesta: Esa afirmación es muy conocida y sólo sirve para tranquilizar las conciencias y los sentimientos de culpa de los padres que no están mucho tiempo en el hogar. Aunque contiene algo de verdad (un tiempo breve pero de una relación cargada de significado vale más que un largo período con menos interacción), considero que no es de gran importancia respecto al gran debate acerca de las madres que trabajan fuera del hogar. ¿Quién puede asegurar que el tiempo de una madre que trabaja, al llegar a su casa de noche posee más calidad que el de una madre que ha permanecido todo el día en el hogar? El cansancio de la madre que ha trabajado fuera podría convertir las cosas en algo muy diferente. De ninguna manera estamos obligados a escoger una de estas opciones, propongo que le demos a nuestros hijos las dos: calidad y cantidad.

Pregunta: ¿Qué opinión tiene usted acerca de las madres que tienen los niños en la escuela y se encuentran empleadas a su vez?

Respuesta: En este caso, aunque considero que la vida familiar se desarrolla de manera más grata y saludable si la madre no tiene un horario completo de trabajo, mi opinión es más favorable. La clave principal sería hallarse en la casa cuando los niños regresen de la escuela.

Pregunta: ¿Qué libros nos recomendaría a los que deseamos aprender a ser más eficientes como padres de familia?

Respuesta: Primero le recomendaría leer "Father's Power" (El poder del padre) de Henry Biller y Dennis Meredit.[3] Esta obra enfatiza las opiniones de la importancia de la paternidad que he venido mencionando y presenta algunas sugerencias para conseguir mejores resultados en esos esfuerzos. También podría leer "How to be Father" (Cómo ser padre) de James Fitzhugh Dodson.[4] Generalmente nos confunden al doctor Dodson y a mí. Una vez yo fui presentado en un programa de televisión como el doctor Dodson, y hasta ahora ambos hemos estado tratando de aclarar este error. Usted podría ayudarnos a esclarecer esta confusión al decírselo a otras personas. Ambos somos personas muy diferentes el uno del otro.

Pregunta: ¿Qué les contestaría usted a aquellos que dicen que la tarea de ama de casa y de madre es de lo más aburrido que existe?

Respuesta: Les respondería que tienen razón, pero reconociendo también que cualquier otro tipo de ocupación resulta muy aburrida también cuando se realiza todos los días. ¿Qué diversión puede disfrutar una telefonista que pasa todas sus horas estableciendo comunicaciones? ¿O el de un médico patólogo que examina muestras microscópicas de la mañana a la noche? ¿O el de un dentista que no hace otra cosa que perforar y llenar, llenar y perforar o extraer y limpiar dentro de tantas bocas diferentes? Y así, sucesivamente, cada uno que desempeña una labor podría decir lo mismo de sus tareas. Son excepcionales las personas que experimentan sensaciones excitantes cuando desempeñan sus profesiones. La semana pasada hice un viaje a Washington y en la habitación cercana a la mía, en el hotel donde me hospedé, se encontraba un afamado cellista, que había llegado a la ciudad para ofrecer un concierto esa misma noche.

A través de las paredes de la habitación pude escuchar como practicaba sin cesar, no bellas melodías, sino escalas y ejercicios, una y otra vez. Así permaneció desde muy temprano en la mañana (se lo aseguro) hasta momentos antes de prepararse para el concierto. Estoy seguro que cuando apareció en el escenario aquella noche, muchos de los presentes pensarían en la vida regalada que se daba aquel cellista y la cantidad de dinero que cobraba por cada concierto. Pero yo sabía que todo el día él se lo había dedicado a su cello, en la solitaria habitación del hotel, ejercitando su férrea disciplina de profesional de la música. Por todo ello, dudo que el trabajo de una madre o de una ama de casa sea más aburrido y repititivo que cualquier otro trabajo de cualquier índole que sea. Pero si tenemos conciencia de la importancia de lo que hacemos, ninguna otra tarea ni responsabilidad puede ser superior a la de formar y educar un nuevo ser humano.

Voy a decirle a las madres una consideración personal muy importante: No siempre usted se sentirá presionada por las responsabilidades que tiene. Sus hijos crecerán y dentro de muy pocos años se irán de su lado, y las obligaciones que ahora soporta, pasarán a ser un leve recuerdo. Disfrute cada uno de estos momentos que no volverán jamás y felicítese por estar realizando una de las tareas más importantes que existen: la formación y educación de un nuevo ser humano.

Pregunta: ¿Qué opinión le merece a usted un hombre que realice las tareas de la casa y hasta cocine para ayudar a su mujer?

Respuesta: Mi opinión sobre este punto no me ganará mucha aceptación entre las mujeres, en su mundo femenino, pero no me parece correcto que un hombre que se ha pasado todo el día trabajando, se sienta obligado a compartir las tareas de su esposa, cuando regresa a la casa. (Considerando que ella no trabaja afuera.) Conozco a muchas mujeres que tienen asustados a sus maridos y los ponen a cocinar y a lavar platos en cuanto asoman por la puerta de la casa. Este no es el compromiso de voluntades mencionado por mí en los capítulos anteriores, aunque puede haber momentos o circunstancias en que el marido, gentilmente, ayude a su esposa en las tareas que a ella corresponde. En mi caso personal, yo ayudo a mi esposa cada vez que me pide que responda al llamado del deber, pero me gusta ayudarla voluntariamente, y lo hago con mucha frecuencia.

Déjenme aclarar que no incluí el trato con los niños en la sección anterior, pues considero que la crianza de los hijos no es una tarea exclusiva de las madres. Los hijos de ambos sexos necesitan igualmente al padre y a la madre. Y, ciertamente, el tiempo que empleo con mis hijos, no lo considero como un favor que le estoy haciendo a mi esposa. Al regresar a mi hogar, cada noche, comparto sus preparativos para irse a la cama. Lavarse los dientes, ponerle el pijama a Ryan, leerles algún cuento y orar con ellos son tareas de las cuales soy testigo fiel. Así como el de traer seis vasos de agua para cada uno. Cuando Ryan usaba pañales yo inventé un juego con los alfileres para cada noche. Le hablaba a los alfileres y les decía que no fueran a pinchar al niño a través de los pañales.

—Por favor, no pinchen a Ryan que él es un niño bueno. Él se porta bien, por eso ustedes deben portarse bien con él también.

Desde entonces hasta el día de hoy, cuando Ryan se mueve inquieto y se porta mal al ponerse los pañales, yo dejo que un alfiler lo pinche un poquitico y él me mira rápidamente y dice:

—Por favor, papá, dile a los alfileres que no me pinchen, que yo me porté bien.

Entonces yo regaño a los alfileres y los prevengo para que no vuelvan a repetir aquella "pinchada". Parece que Ryan nunca se cansa de ese juego, pues cada noche, me insiste para que yo le hable a los alfileres. A los niños les encantan los juegos repetitivos, y este tipo de experiencias creativas puede convertir una tarea doméstica en un agradable momento de alegría compartida.

Pregunta: ¿El divorcio es verdaderamente tan terrible como se nos ha hecho ver?

Respuesta: Los niños son sumamente sensibles y receptivos, verdaderas esponjas que recogen y acumulan toda clase de crisis y de traumas. Por supuesto, todo depende de que clase de tragedias haya contemplado y qué reacción haya tenido la persona bajo cuya custodia se han quedado. No obstante, el divorcio por lo general, es una experiencia terrible y difícil de superar para los niños que han tenido que sufrirlo.

Cierta vez el conocido cómico Jonathan Winters, apareció en un programa de televisión como figura invitada. El moderador del programa le preguntó al señor Winters si podía recordar algo de sus días infantiles. El cómico, para sorpresa de muchos, comenzó a hablar con unos términos poco habituales en él. Contó como su familia se había desintegrado cuando él tenía 7 años de edad, el daño tan profundo que le había causado el divorcio de sus padres. Dijo que después de aquello, los demás niños se burlaban de él porque ya no tenía padre, y él reaccionaba lleno de ira, golpeando a los que lo ofendían con fuertes puñetazos. Más tarde, cuando nadie lo veía, se iba detrás de un árbol o se escondía en cualquier edificio para echarse a llorar. El señor Winters explicó que más tarde había aprendido a reírse de sus problemas, pero reconoció que todo su humor de adulto era una respuesta positiva a su profunda tristeza.

Por lo general los niños de padres divorciados, aprenden a hacerle frente a su situación de una manera u otra, pero la huella que ha quedado en sus vidas, es imborrable.

Pregunta: Tengo un hijo recién nacido. ¿Podría darme algunas instrucciones que me sirvan para educarlos en los próximos dos o tres años? Sé que existen muchos libros sobre este tema, pero me gustaría conocer los puntos fundamentales.

Respuesta: Los investigadores del departamento de desarrollo humano de la Universidad de Harvard, confeccionaron un listado de instrucciones que puede servirle para lo que usted desea. Ellos señalaron en la lista nueve cosas que se deben hacer y trece que no se deben hacer.

De acuerdo a los investigadores, el niño debe tener libre acceso por todas las estancias del hogar, hasta donde sea posible. Esa libertad le dará la mayor oportunidad para ejercitar su curiosidad y explorar el mundo que le rodea. Pero ese mundo debe estar seguro y protegido. Los libros de consulta y los artículos valiosos deben estar colocados en lugares altos.

En cambio, las revistas viejas y todo lo que puede servir para jugar, deben permanecer al alcance del niño. Se deben desocupar las gavetas bajas de cosas peligrosas o de objetos que corten o hagan daño.

También recomiendan los investigadores que las madres pongan atención a los pasos del niño, por lo menos la mitad del tiempo que éste se encuentra libre. No quiere decir que estén encima de ellos supervisando todo lo que hacen, pero sí estar alertas para prestar la ayuda necesaria o la atención requerida cuando él la solicite. Cuando el niño necesita la atención materna, ella debe:

1. Responder lo más pronto posible a su llamado y en la forma más positiva que le sea posible.

2. Hacer un esfuerzo por comprender lo que el niño está intentando hacer.

3. Poner límites a las peticiones del niño y no ceder ante algo que no sea razonable.

4. Animar, entusiasmar, y ayudar en todo lo que sea necesario en el momento preciso.

5. Conversar con el niño tan frecuentemente como sea posible.

6. Usar palabras que él entienda, pero añadir otras nuevas.

7. Utilizar palabras que permitan al niño ir relacionando ideas. Por ejemplo, si el niño muestra una pelota decirle: "Tráeme la pelota, por favor".

8. Utilizar todo el tiempo necesario en la situación, aun si fuera unos pocos segundos.

9. Animar al niño en todas las actividades que realiza.

Habrá también otros momentos en que la madre debe iniciar la interacción con el niño. Si él está aburrido ella debe proporcionarle cosas que él pueda hacer. Y si se porta mal, la madre deberá disciplinarlo con firmeza y coherentemente. Si el niño está dispuesto a hacer algo que pueda ser peligroso, como subir o bajar escaleras, la madre deberá cuidarlo y supervisar la actividad en lugar de impedir que la realice.

Además de estas recomendaciones, los investigadores han incluido en la lista las cosas que una madre debe evitar hacer.

1. No debe encerrar al niño o aislarlo por mucho tiempo.

2. No lo deje concentrarse tanto tiempo en usted, hasta el extremo de que emplee más tiempo en seguirla o estar cerca suyo, especialmente durante su segundo año de vida.

3. No se olvide que el niño intentará llamar su atención desde el primer berrido que lance acabado de nacer.

4. No intente ganar todas las discusiones con un niño, especialmente en su segundo año, cuando se halla en su etapa negativa.

5. No tenga temor de que su bebé deje de amarla si usted le dice "no" algunas veces.

6. No lo reprenda si desarregla la casa. Esa es una señal inequívoca de salud y de curiosidad en los niños.

7. No lo sobreproteja.

8. No le imponga su poder. Permítale hacer lo que él desee siempre y cuando esté seguro.

9. No acepte un trabajo de tiempo completo, o cualquier otro trabajo que le impida permanecer con el niño durante esta etapa de su vida.

10. Si usted es capaz de evitar que el niño se aburra, ¡hágalo!

11. No se atormente sobre cuándo va a aprender a leer, contar, decir el alfabeto, etcétera. Ni siquiera se preocupe si es lento para aprender a hablar. Ya aprenderá más y más en la medida que vaya creciendo.

12. No trate de obligarlo a que adquiera un hábito en sus necesidades fisiológicas. Cuando tenga dos o más años le será más fácil lograrlo.

13. No soporte todo lo que haga, ni malcríe a su hijo. Él puede pensar que todo el mundo tiene que estar dispuesto a servirlo.[5]

Notas

1. Urie Bronfenbrenner *The origins of Alienation*, Scientific American. Augusto 1974, p.54. Citado con permiso.
2. Ibid., p. 57.
3. Publicado por David Mc Kay, New York.
4. Publicado por Nash Publications, Los Ángeles.
5. Martin Cohen, *A Warnin To Conscientious Mothers* Today's Health. Febrero 1974. Usado con permiso.

Capítulo diez

Unas palabras sobre el paso de los años

Nota: Las esposas que respondieron el cuestionario señalaron como fuente de depresión, en el noveno lugar, a los conflictos con los parientes. Este tema lo comentaremos en el útimo capítulo, pero antes vamos a tratar la causa de la depresión numerada en el décimo lugar: la vejez.

Hace algunos meses iba paseando en el auto cerca de la casa con mis hijos y un amiguito de Ryan de tres años de edad llamado Kevin. En el momento de doblar una esquina vimos un anciano tan rengo y encorvado, que casi no podía dar un paso. Les comenté a mis pasajeros cómo debía sentirse aquel anciano, y también que ellos algún día se verían como aquel hombre. La noticia fue tan lastimosa para Kevin que de ninguna manera quiso aceptarla.

—Yo nunca me voy a poner viejo —me dijo en un tono de voz como si se sintiera ofendido por mi afirmación.

—Sí Kevin, aunque no lo creas, algún día te vas a poner muy viejecito —insistí yo—. Todos nacemos muy pequeñitos, vamos creciendo poco a poco hasta que nos ponemos viejos, si vivimos mucho tiempo. Eso le ocurre a todo el mundo que está vivo.

—No, no y no —casi me gritó en señal de protesta—. A mí eso no me va a pasar. No quiero, no me gusta —recalcó el pequeño con el ceño de estar molesto e impaciente por alejarse de mí.

Otra vez le aseguré que nadie escaparía de ponerse como aquel viejecito.

Entonces Kevin guardó silencio por espacio de unos segundos y me contestó casi aterrado:

—Pero no quiero ser viejo. Quiero ser bueno y sano todo el tiempo.

—Sí, Kevin, ya lo sé.

Precisamente la imposibilidad de mantenerse buenas y sanas es lo que conduce a la décima fuente de depresión en la escala de valores de las mujeres que respondieron el cuestionario. Es cierto también que la juventud de las mujeres encuestadas fue lo que ubicó este punto en un nivel tan bajo de la escala femenina. Pero de aquí a unos tres o cuatro años este asunto no ocupará un lugar tan bajo. Estoy seguro que va a subir rápidamente a niveles superiores de importancia. Es innegable que sentimos que algo desagradable nos está ocurriendo, cuando notamos que estamos envejeciendo, ya que uno de los significados de la vejez lo encontramos en la enfermedad. Y ésta conduce al deterioro del organismo. Y a su vez esto nos conduce a nuestro final humano. ¡Y ninguno de nosotros quiere abandonar este mundo!

Conozco la historia de tres ancianas que estaban sentadas a la puerta de su casa, conversando. Una de ellas dijo: —Háblenme un poquito alto, pues ya saben que no oigo bien. Aunque a veces pienso que esto es lo mejor que podía pasarme, porque para las cosas que hay que oír, no siento muchos deseos.

—A mí me ocurre algo parecido, pero con los ojos —dijo la segunda mujer—. Veo muchas cosas nubladas y borrosas ahora. Pero no me preocupa. Ya yo vi todo lo que quería ver durante mi juventud.

La tercera mujer lo pensó un poco antes de decir:

—Bueno, conmigo no ocurre nada de eso. Ya yo estoy acostumbrada al fracaso.

Podemos reírnos de estas experiencias que no se pueden evitar por aquellos que alcanzan una larga vida. (Ocurre generalmente, que tan pronto el rostro pierde su adolescencia, la mente empieza a oxidarse con la vejez).

De todos modos, siento una simpatía muy particular por aquellos que deben enfrentarse a la soledad y a la incomunicación que conlleva la vejez. Hablando desde el punto de vista sicológico, existen señales que predicen este proceso, y que comienzan desde el mal funcionamiento del aparato sensorial hasta la pérdida de la memoria. Lo primero que se va deteriorando es la capacidad para ver, oír, sentir, tocar y oler. Después, el sistema vascular empieza a perder su eficiencia y los músculos y coyunturas no funcionan con la perfección con que lo hacían antes. Esta es una etapa muy difícil de sobrellevar, pues la mente se siente prisionera en un cuerpo que comienza a fallar y que ya no le sirve de mucho. Por último, como punto final de esta etapa normal de envejecimiento, las neuronas comienzan a romperse en el cerebro y la senilidad le roba a la mente su capacidad de razonar.

Oliver Wendell Holmes, compuso el mejor análisis de la vejez en un poema que siempre he admirado desde mi juventud. En el poema se hace la descripción de un hombre anciano, que ha sobrevivido a todos sus amigos que le amaron, y ahora pende de la rama de un viejo árbol , como "La última hoja del árbol":

Hace ya mucho tiempo
le vi cruzar por una puerta,
y ahora nuevamente
resuenan las piedras callejeras
cuando él, dando tumbos,
camina sobre ellas
en compañía de su perro.

Hay muchos comentando
que en la flor de su vida,

antes que el incisivo puñal del tiempo
lo marcara
no existía otro hombre
creado por Dios
que se le asemejara
ni dentro ni en los alrededores
de aquel pueblo perdido.

Hoy recorre las calles en silencio
y aquellos que lo ven
ya ni le reconocen
va triste y ojeroso moviendo la cabeza
como si les dijera:
"Los que se van, ya no aman".

El mármol blanco oculta
labios que él escuchaba
en tiempos de plenitud.
Y los nombres que un día
lo hacían palpitar
hace años han sido grabados
en las tumbas.

Mi abuela repetía:
Siento pena por ella,
por esa dama antigua
que murió ya hace tiempo.
Él portaba orgulloso
una nariz romana
sus mejillas parecían
dos rosas en la nieve.

Ahora su nariz
se ve tan descarnada,
se asemeja a un cayado
que perdió su rebaño.
Su espalda está encorvada,

ya nunca tiene prisa
más de sus labios se alza
una triste sonrisa.

Se que cometo un pecado
cuando me río de él
que pende de la rama rota,
de este árbol antiguo
con sombrero de copa
y pantalones raídos
como una hoja más.

Sé también que si yo sobrevivo
para ser la última hoja
del árbol
en otra primavera
otros se reirán de mí
Como yo lo hago ahora
de esa rama quebrada que aún no se ha caído
y de la cual con toda mi fuerza
estoy asido.

Aquel anciano misterioso no es la única hoja que cuelga de la rama quebrada de un árbol. Existen otros árboles en otros lugares. Nunca olvidaré un programa que se transmitió por televisión en Los Ángeles y que trataba acerca de la vejez. Era uno de esos documentales que quedan para siempre en la memoria de los televidentes. En la media hora que duró el programa se veía una anciana de 85 años aproximadamente, llamada Elizabeth Holt Hartford. Ella vivía en una pequeña habitación de un hotel destartalado en uno de los barrios bajos de la ciudad. El documental comenzaba presentando a la señorita Hartford cuando disfrutaba de una situación económica bastante holgada hasta que se producía el derrumbe económico y daba espacio a una pobreza repentina que la obligó a tener que irse a vivir entre ancianos enfermos y pobres que habitan la parte central de Los Ángeles. A pesar de sus arrugas y de los estragos del tiempo la señorita Hartford se conservaba lúcida y elocuente. Todavía resuenan en mis oídos algunas palabras que ella expresó. "Ustedes me ven como una anciana decrépita, pero deseo decirles que yo permanezco en mi interior. No he cambiado nada. Me siento prisionera de este viejo cuerpo, pero no puedo dejarlo. Me lastima, no deja que me mueva de prisa, y cuando intento hacer algo me castiga con un gran cansancio. Pero mi personalidad auténtica no es la que ustedes ven. Está oculta en este viejo cuerpo que se derrumba".

Ella no permaneció prisionera mucho tiempo dentro de su cuerpo. Murió unos pocos meses después. Su cuerpo fue quemado y se esparcieron sus cenizas entre las rosas que crecían en el patio del mísero hotelucho donde vivía.

Debo compartir ahora una opinión general. Aparte de la esperanza de vida eterna, más allá de la muerte, la vejez ofrece escasas compensaciones de alegría y consuelo. Por lo general es una experiencia triste, donde hay que hacerle frente a la enfermedad, a la soledad, la pobreza y la falta de autoestima. Intentar afirmar otra cosa sería ignorar la realidad que existe tras la puerta de un hogar de ancianos. La muerte nunca parece llegar en el momento apropiado: a unos se los lleva demasiado aprisa y con otros tarda mucho en llegar. A pesar de ello, existen cristianos felices que descansan en la seguridad de que más allá de la muerte, les aguarda un mundo mejor y nuevo, de ese modo la ansiedad y el pesimismo dejan un espacio amplio para esa esperanza expectante. El último latido del corazón no es el final de la vida; es sólo el comienzo de la misma. Espero ser uno de esos ancianos seguros si llego hasta esa edad.

Mi padre siempre ha ejercido una gran influencia sobre mí, no sólo durante mi niñez sino durante mi etapa de adulto. Hace poco me dijo que la vida eterna no era un gran consuelo para él, cuando era joven. Había disfrutado al máximo su juventud y la idea de una vida en la eternidad se le parecía a la de una perla que estuviera incrustada de escamas y escoria. La perla, en verdad, era muy hermosa, pero no lo parecía, por eso resultaba muy difícil darse cuenta de su belleza. Pero actualmente que ha llegado a la madurez avanzada y ha comenzado a sentir algunos achaques de la vejez, entre ellos un ataque al corazón y otras serie de malestares, aquella escama y toda la escoria que imaginaba tenía la perla, se han ido disolviendo y ahora resplandece en toda su plenitud, con un valor sin igual en el mismísimo puño de mi padre.

Para finalizar, vamos a regresar a la relación de pareja en la etapa de la vejez. ¿Qué es lo que más anhela una mujer de su marido a los 50, 60 y 70 años de edad? Sencillamente, quiere continuar disfrutando la misma seguridad respecto a su amor y su respeto, que cuando era joven. Esta es la belleza del amor comprometido que dura toda la vida. Un hombre y una mujer le hacen frente a todas las circunstancias de la vida como amigos, como cómplices, en los buenos tiempos y en los malos. Por el contrario, aquella juventud que invoca "el acto sexual" como lo máximo en sus vidas, llegará al final del camino sin nada que recordar, aparte de una serie de relaciones, de mutua explotación y rupturas desgarradoras. Esta filosofía tan mediocre, que en la actualidad ha alcanzado gran publicidad, tiene su muerte asegurada a través del camino. Reconozco que el amor de voluntades comprometidas es muy costoso en todos sus aspectos, pero redime los intereses más altos durante el transcurso de la vida y cuando llega la vejez.

Capítulo once

La última palabra

En cierta ocasión, el famoso premier inglés Winston Churchill expresó:

"Escribir un libro es una especie de aventura. Cuando comenzamos parece un pequeño juego y un excelente entretenimiento. Más adelante, se va convirtiendo en nuestro dueño, se va transformando en un amo, hasta que, finalmente, nos tiraniza por completo. El último paso de este proceso se da, cuando usted, para poder reconciliarse con su esclavitud, se levanta, mata el monstruo, y se lo lanza al público.

Puedo decirles que mientras escribía este libro, fui avanzando a través de cada uno de estos períodos, que mencionó Churchill, y ahora llegó el momento de lanzar este monstruo al mercado de libros y directamente al público lector. Pero hay un mensaje que deseo transmitir específicamente a mis lectoras femeninas, para que sea comprendido. Hasta el momento, nuestro propósito ha sido tratar de explicar la situación de las esposas a sus esposos, tratando de explicar algunas de sus necesidades y frustraciones, que con mucha frecuencia son muy difíciles de comunicar. No obstante, en este último capítulo, voy a dirigirme especialmente a las mujeres con una palabra de advertencia sobre la manera de poder lograr un equilibrio emocional sano, en presencia de circunstancias deprimentes.

En el año 1966, en la época que comencé a trabajar en el consultorio del hospital, tuve la oportunidad de observar la actitud de un hombre simpático que se mantenía en la ventana de un antiguo edificio de apartamentos sin moverse del lugar, que se hallaba ubicada frente al lugar donde los médicos estacionaban sus automóviles. Cada mañana, día tras día, este hombre —a quien yo le calculaba unos 40 años de edad—, aparecía en la misma ventana abierta ya mencionada. No sólo lo veía allí cuando llegaba al hospital, sino también cuando regresaba a mi casa por la tarde. Me resultó simpático este personaje, y comencé a sonreírle y a saludarlo cada vez que lo veía. Supongo que no es nada usual que se establezca esta clase de compañerismo entre personas que no se conocen personalmente, y que ni siquiera habían conversado alguna vez.

Por último, mi curiosidad me llevó a tratar de comunicarme de una manera más directa con este hombre, más allá del saludo y la sonrisa diaria. De modo que cierto día cuando salí del hospital, me dirigí al edificio de apartamentos ya mencionado, subí las escaleras y toqué la puerta. El hombre de la ventana abrió la puerta y se presentó con el nombre de Roberto, me invitó a entrar a su casa y me contó su historia en la próxima hora que fue lo que duró la visita. Hasta hacía seis años antes, Roberto era un brillante ejecutivo de una empresa comercial hasta que fue afectado por una trombosis coronaria. El asunto se complicó con un enfisema y otros malestares físicos que le impidieron seguir desempeñando cualquier tipo de trabajo.

Pude observar que su mano derecha estaba prácticamente paralizada. Roberto me dijo que en excepcionales ocasiones alguien venía a hacerle la visita a su departamento. Era soltero y no tenía amistades íntimas. Su estado físico lo mantenía la mayor parte en el interior de su departamento y por ende, casi nunca salía.

La parte más bella de la historia de Roberto es la forma en que él decidió hacer frente a su tragedia personal. Tenía más que suficientes razones para sentirse frustrado y sin ánimo para nada, pero al contrario de lo que podía esperarse, transmitía confianza y optimismo. Había tomado la decisión de ganar amigos entre las muchas personas que iban y venían de sus trabajos frente a su ventana, y en este propósito se fundaba su vida social.

Después de escuchar su historia, le pregunté:

—¿Roberto, qué puedo hacer por usted? ¿Necesita algo en especial? ¿De qué forma puedo ayudarlo?

Su respuesta fue: —Gracias, amigo, le agradezco su ofrecimiento pero me las arreglo bastante bien. Ciertamente no necesito nada.

En ningún momento de nuestra conversación apareció una pizca de autoconmiseración de su parte. Y, resueltamente, evitó la posibilidad de que yo fuera a tratarlo como a un inválido. Su única perspectiva de la vida se puso en evidencia al contestar una de mis preguntas:

—¿No se siente demasiado desanimado en sus circunstancias actuales?

Roberto me contestó: —Bueno, por la mañana cuando todos ustedes llegan al trabajo, me siento muy contento de poder saludarlos y de comenzar un nuevo día de vida. Más tarde, cuando se van de regreso a sus casas y les digo el adiós de despedida, entonces sí siento un poco de tristeza.

Esta fue la única frase negativa que le escuché decir. Roberto se había adaptado a aceptar su vida así como era.

No por gusto, Roberto había permanecido en su puesto de observación durante más de quince años, y debido a ello pudimos hacernos buenos amigos. Cierto día, exactamente un tres de enero, yo estacioné mi auto cerca de su ventana, y lo saludé después de las breves vacaciones navideñas. Sin detenerme a pensar lo que estaba haciendo, le expresé las frases tradicionales con las que los amigos se saludan al comenzar el nuevo año:

—¿Ha tenido unas buenas fiestas?

—Sí, pasé un buen tiempo —dijo Roberto.

Más tarde me enteré que había pasado todas las fiestas de Navidad y Año Nuevo en la soledad de su habitación, observando desde su habitación a los cansados vendedores y a toda la gente que pasaba por allí.

Pocas semanas después, Roberto no apareció en su ventana de observación. Ni al día siguiente tampoco estaba, y las persianas de la ventana permanecieron cerradas. Cuando le pregunté al hombre que atiende el área de estacionamiento por él, me informó que había muerto de un colapso el fin de semana anterior.

Mi amigo se había ido. Ya hasta había sido sepultado, y dudo que alguna persona se halla encontrado en su funeral.

Al relatar su historia he deseado enfatizar que la depresión es a veces una cuestión de perspectiva. Todo depende de cómo uno mire el asunto. Una vez vi a una pareja ganarse 3.000 dólares en un programa de televisión. No obstante, parece que regresaron a su casa deprimidos porque habían esperado ganarse un automóvil de 12.000 dólares. Si un millonario los hubiese parado en la calle y les hubiera regalado los 3.000 dólares, se habrían sentido supercontentos. Pero se fueron desanimados porque sabían que hubieran podido lograr algo más. Todo es cuestión de perspectiva.

En la revista McCall's, apareció un pequeño aviso que ofrecía un producto maravilloso capaz de hacer desaparecer "esas horribles estrías" que salen en las caderas y piernas femeninas. Y transmite las frases tristes de una joven madre que habló desde lo más profundo de su corazón. "Tengo dos hijos, pero me siento muy infeliz pues las estrías han marcado mis piernas, el busto y todo mi cuerpo. Me hacen sentirme avergonzada de que la gente me vea en traje de baño con pantalones cortos". Es muy posible que esta joven madre de dos niños saludables, tenga un esposo bueno y amoroso que al parecer conserva la plenitud de su juventud y vitalidad. Todos esos factores pueden andar muy bien en su matrimonio, pero ella se siente muy infeliz y avergonzada porque no es perfecta físicamente. Su problema ciertamente es de perspectiva equivocada. Una pequeña falla puede lograr que caiga en depresión y ansiedad. ¡Y no se imagina cuánto gozo y felicidad puede brindarle a su esposo y sus hijos tal como ella es, con estrías o sin ellas!

Reconozco que la vida puede ser amarga y muy dura, pero no quiero parecer trágico al recordar las circunstancias que pueden afectar nuestro propio estado de ánimo. Sin embargo, sí quiero enfatizarle a nuestros lectores que en ciertas ocasiones somos nosotros mismos los que permitimos que las situaciones nos depriman. Vamos a ver un ejemplo sobre los conflictos que surgen con los parientes cercanos. (Que fue señalado como la novena fuente de depresión femenina, entre las mujeres entrevistadas.) Una esposa puede decidir cómo va reaccionar ante una suegra impositiva e irritante: puede llorar, gritar, crujir los dientes y todo ello puede conducirla a una úlcera estomacal. O puede enfocar la situación en una forma más relajada.

Aunque pueda parecer algo tonto, vamos a imaginar una esposa qie tiene unos suegros amantes, respetuosos y agradables, pero que uno de sus hijos está ingresado en el hospital padeciendo de leucemia. Supongamos que en una forma mágica alguien le ofrece a esta esposa la salud de su hijo enfermo a cambio de tener que soportar a una suegra terrible. Sin duda alguna aceptará el cambio, de inmediato, y estará eternamente agradecida por el milagro. Todo es cuestión de perspectiva. Determinada fundamentalmente por la forma en que se enfoque el problema.

Una excelente amiga mía, a quien le daré el nombre de María, tiene un padre que jamás le mostró la menor expresión de cariño. A pesar de que ella ya es una esposa con dos hijos sigue esperando que su padre llegue a ser lo que nunca fue. Esta expectativa le ha producido a María muchas decepciones y tristezas. Cuando su pequeño hijo no pudo sobrevivir más allá de una semana de vida, el padre insensible de María ni aun siquiera hizo acto de presencia en el funeral de su nieto. Este hombre no se interesa en lo absoluto por su hija y nietos, lo cual ha causado profundas heridas a María, a través de los años.

Después de recibir una carta de María quejándose de que su padre no había asistido a la boda de su nieto, yo le contesté ·con algunas sugerencias al respecto. Me confesó que recibió mucha ayuda de esa carta y que la había compartido con otras tres amigas que sufrían de frustraciones similares a la de ella respecto a seres amados que le habían "fallado". Por último, me envió la copia de mi propia carta y me pidió que fuera incluida en algún libro de esta naturaleza. A continuación la transcribo:

María:

Diariamente me convenzo más y más de que gran parte de nuestros esfuerzos como adultos, están encaminados a buscar todo aquello que no pudimos alcanzar cuando éramos niños. El propósito principal de nuestra búsqueda se centra en todos aquellos factores que fueron más dolorosos durante nuestra infancia, para lograr satisfacerlos en la madurez.,Tu padre jamás satisfizo tus necesidades infantiles de cariño y atención, y creo que todavía sigues esperando por aquel padre que nunca llegaste a conocer. No obstante, él continuamente te decepciona con su indiferencia y rechazo. Considero que serías menos vulnerable a esta situación si aceptaras el hecho de que tu padre no puede, ni podrá darte lo que esperas, respecto a su amor y cariño. No será fácil para ti librarte de esa idea. Yo mismo estoy intentando llenar algunos vacíos que me quedaron de mi infancia. Pero afecta menos cuando uno no espera nada, que cuando espera inútilmente.

Supongo que las experiencias personales que tuvo tu padre durante su infancia, han determinado su conducta hacia ti y el resto de la familia, y esto deber ser considerado como una característica específica de su personalidad. Si tu padre fuera ciego, sordo o paralítico, igualmente lo amarías sin tomar en cuenta sus carencias físicas. En cierto sentido, él es un ciego espiritual, incapaz de ver tus propias necesidades. No quiere ni puede enterarse de las heridas que te ocasiona con su desamor y rechazo demostrado en sus sucesivas ausencias durante eventos que han sido especialmente importantes para ti. Su incapacidad le impide percibir tus sentimientos y tratar de satisfacerlos. Si puedes aceptar a tu padre como un hombre con una incapacidad permanente, que posiblemente le fue causada cuando él mismo era un niño, entonces tendrás en tu poder un escudo que te defenderá de todo su indiferencia y falta de amor.

No te preocupes más por su forma de actuar y así no serás el blanco preferido de su hostilidad inconsciente. Estas son solamente ideas que se me han ocurrido al leer tu carta. Al menos nosotros te recordamos durante la boda. Mis mejores deseos para Carlos, y dale un abrazo a Luis.

Sinceramente,
Jim

Esta carta ayudó a María, no porque cambiaran sus circunstancias ni porque su padre cambiara de actitud, sino porque ella cambió sus perspectivas. Ahora ella puede ver a su padre como una víctima de las dolorosas experiencias de su niñez, que lo lastimaron y afectaron su esfera emocional. Después de haber recibido mi carta, María supo que su padre estuvo sometido a una serie de incidentes traumáticos en la niñez que marcaron su vida para siempre. (Entre otras cosas, una tía le dijo en forma airada que su padre había muerto y cuando el niño se puso a llorar lo reprendió duramente.) Como había sospechado, el padre de María es un hombre con cierta incapacidad.

Algunas mujeres que han leído este libro, están casadas con hombres que nunca podrán comprender ni satisfacer sus necesidades emocionales, en la manera que las hemos descrito. Sus propias naturalezas y estructuras emocionales les incapacita para comprender los sentimmientos y frustraciones de otro, especialmente si se trata de una mujer. Esos hombres nunca leerían un libro como este, y se ofenderían si lo hicieran. Nunca se les pidió que se entregaran a sí mismo y ni siquiera saben lo que eso significa. ¿Cuál debe ser entonces la reacción de sus esposas? ¿Qué puede hacer usted si su esposo carece de la capacidad para ser lo que usted necesita que él sea?

Mi consejo es que trate de cambiar lo que pueda ser cambiado; explicar lo que pueda ser explicado, enseñar lo que se pueda aprender; resolver lo que se pueda resolver y negociar con aquello que pueda ser negociado. Es posible crear el mejor matrimonio, con los materiales más rudimentarios que pueden aportar dos seres humanos imperfectos, con sus respectivas personalidades irrepetibles. Pero respecto a todas aquellas aristas que no pueden ser limadas, y las conductas que no pueden ser superadas, les sugiero que traten de enfocarlas con una perspectiva diferente, y decídase valientemente a aceptar la realidad como ella es. Ese es el primer principio para la salud mental: aceptar realmente como tal, todo aquello que no puede ser cambiado. Debe considerar que puede hasta enloquecer a raíz de circunstancias que no puede controlar o de situaciones que no puede cambiar, o como mi amigo Roberto, aceptar las cosas como verdaderamente son. De acuerdo con su decisión puede transformarse en un héroe o un cobarde. Alguien escribió:

> La vida no me da gozo y paz
> eso puedo desearlo,
> pero a cambio la vida
> me da tiempo y espacio
> y éstos sí puedo llenarlos.

¿Puede usted aceptar la realidad de que su marido jamás será capaz de satisfacer sus necesidades emocionales? En contados casos una persona puede satisfacer cada una de sus esperanzas y aspiraciones en los brazos de otro. Por supuesto, esta moneda tiene dos caras: Usted tampoco puede ser perfecta. El hombre no está equipado para satisfacer todas las necesidades emocionales de la mujer, que se han ido acumulando a través de los años, ni la mujer tampoco está equipada para llegar a ser la anhelada "máquina sexual" que por lo general, han soñado sus maridos que ellas sean. Ambos tienen que prepararse para adaptarse a los defectos del otro. Un buen matrimonio no es aquel donde reina la más absoluta perfección, sino es aquella saludable relación donde una adecuada perspectiva se sobrepone a una multitud de cosas que no tienen solución. ¡Y le doy gracias a Shirley porque ella siempre ha tenido esa actitud hacia mí!

En el capítulo anterior mencioné que mi padre ha influido en mis valores y en mis actitud, más que ninguna otra persona en el mundo. Esto es algo bien real cuando considero su respeto y su amor hacia mi madre (Y el de ella hacia él). Han permanecido casados durante cuarenta y un años, y su compromiso es tan firme en la actualidad como lo ha sido a través de estas cuatro décadas. Entonces, es adecuado que cite en mi libro, ya para terminarlo, las palabras que mi padre le escribió a mi madre cuando celebró su quincuagésimo cumpleaños. La estación de la primavera le hizo pensar sobre la brevedad de la vida y de la vejez que se les encimaba. El poema se titula: "Tu cumpleaños" e hizo derramar copiosas lágrimas a mi madre:

Todo el mundo canta porque ha llegado la primavera
puedo escuchar las aves al sol de la mañana,
y entre las hierbas, escucho la canción de las hojas
y los frutos que brotan...

Pero nosotros enfrentamos el otoño.
Ciertamente, para ti y para mí ya no habrá primaveras
y el viento del invierno, la nieve y el frío
nos acosan en este último asalto.
¿Pero acaso te asustarás de este momento?
El sol hermoso del verano ya está lejos;

no puede derretir la escarcha de tu pelo,
y sé, mi amada, que presientes la oscuridad.
Pero yo estoy contigo, y mano a mano
enfrentaremos juntos el invierno que llega...

¿No es este poema el reflejo de un sublime amor? Mi padre
le promete a mi madre enfrentar mano a mano el futuro, a
pesar de que se avecina "el viento del invierno" y "la terrible
oscuridad". El compromiso de voluntades de mis padres no
está basado en emociones efímeras, o desos egoístas, sino
respaldado por una voluntad comprometida. ¿No es esta la
"unidad espiritual" que las mujeres buscan en sus esposos?
Como seres humanos si no estamos solos, seremos capaces de
sobrevivir a las circunstancias más difíciles. Somos seres sociales, por eso no podemos soportar la soledad emocional, al
igual que Adán antes de disfrutar la compañía de Eva. Las
mujeres necesitan a los hombres, y los hombres necesitan a las
mujeres. Esto ha sido siempre así.

Seguramente se habrá percatado de las reiteradas veces
que este mismo tema ha surgido como respuesta a todas las
fuentes de la depresión femenina. Si nos fijamos con cuidado,
veremos que se trata de un solo problema con diez manifestaciones diferentes. En otras palabras, Dios ha creado la familia
para una función y un propósito específico. Las necesidades
emocionales de cada uno de los miembros de la familia son
satisfechas en la relación hermosa del verdadero amor, cuando las cosas funcionan en forma correcta. Pero cuando la
función específica de la familia es estorbada o destruida,
entonces todos los miembros de la familia también son afec-
tados en sus necesidades emocionales. Este es el mensaje del
libro. Lo que he querido comunicar a través de él. Cuando la
familia vive acorde al propósito diseñado por Dios, encon-
ces hay estimación propia, se realizan las aspiraciones románticas,
desaparece la soledad, la falta de comunicación, el aburrimiento; se contribuye a la plenitud sexual y los esposos se
mantienen fieles uno al otro. Todo ello otorga a los padres un
sentido y un propósito que contribuye aun más a una buena

estima personal. Una cadena constituida de esta forma, no tiene eslabones débiles. Por el contrario, la belleza de Dios se revela en ella, al igual que el resto del universo. Pero también puede ser destruida como se está contaminando el aire y las aguas que Dios nos ha dado. Cuando la familia es contaminada por medio del libertinaje sexual, el egoísmo o las vidas demasiado ocupadas, entonces la enfermedad ocupa el lugar de la salud y el desaliento toca a la puerta. En la actualidad, la familia norteamericana está enferma y los niveles de los males y problemas alcanzados, como la depresión, es el síntoma más importante de esta enfermedad.

¿Qué es lo que más desea una mujer de su marido? Puedo asegurarle que no es una casa más grande, ni un electrodoméstico nuevo, ni un auto del último año. Más bien es la seguridad, de que "mano a mano" nosotros le haremos frente a lo mejor y a lo peor de la vida, porque jamás nos separaremos.